中・上級者用日本語テキスト

大学で学ぶための

アカデミック・ジャパニーズ

Academic Japanese for International Students

佐々木瑞枝●村澤慶昭●細井和代●藤尾喜代子
Mizue Sasaki　　Yoshiaki Murasawa　　Kazuyo Hosoi　　Kiyoko Fujio

the japan times PUBLISHING

本書は、『大学で学ぶための アカデミック・ジャパニーズ』（CD付き：ISBN978-4-7890-1078-8）の
音声ダウンロード版です。教材の内容や音声に変更はありません。

音声は以下の方法でダウンロードできます（無料）。
・右のコードを読み取って、ジャパンタイムズ出版の音声アプリ「OTO Navi」を
　スマートフォンやタブレットにインストールし、音声をダウンロードしてください。
・パソコンの場合は、以下のURLからMP3ファイルをダウンロードしてください。
　https://bookclub.japantimes.co.jp/jp/book/b635451.html

大学で学ぶための　アカデミック・ジャパニーズ［音声ダウンロード版］
2023年11月5日　初版発行

著　者：佐々木瑞枝・村澤慶昭・細井和代・藤尾喜代子
発行者：伊藤秀樹
発行所：株式会社 ジャパンタイムズ出版
　　　　〒102-0082 東京都千代田区一番町2-2　一番町第二TGビル2F
ISBN978-4-7890-1873-9

First edition: November 2023

Layout design & Editorial assistance: guild
Illustrations: Koji Kominato
Jacket design: Akihiro Kurata
Printing: Nikkei Printing Inc.

Published by The Japan Times Publishing, Ltd.
2F Ichibancho Daini TG Bldg., 2-2 Ichibancho, Chiyoda-ku, Tokyo 102-0082, Japan
https://jtpublishing.co.jp/

ISBN978-4-7890-1873-9

Printed in Japan

みなさんは、大学で受ける日本語のコースにどのようなものを期待していますか。

私が教えている横浜国立大学の留学生たちからは、実にさまざまな答えが出ました。「充実したキャンパスライフをおくるために必要なコミュニケーションを学べるクラス」「日本人の大学生が常識として知っているような、新聞やテレビのドキュメンタリーで取り上げられる事がらを、情報としても学べるクラス」「自分で日本語を使って発表する能力をきたえる場」……

そして、日本語学校の先生方からも、さまざまな意見が出ました。

「大学生活に必要な掲示板の情報の読み取りや、トラブルの対処法を教えてほしい」「大学の講義の形式を取り入れたテキストがあれば」。

こういった、みなさんの意見を参考にしながら完成したのが、このテキストです。

もし、あなたが大学生なら、テキストはそのままあなたの学生生活に結びつくはずです。もしあなたが、大学入学前の予備教育の段階なら、このテキストで大学生活を疑似体験してください。

どの課にもどのページにも、あなたがさまざまな角度から挑戦できるように、バラエティに富んだタスクが用意されています。なぜなら、私たちは「アカデミック・ジャパニーズ」とは、単に日本語の文法力や読解力などの「受信型スキル」を伸ばすことではなく、あなた自身が主体的に考え、その場の状況を考えながらコミュニケーションしたり発表する「発信型スキル」を伸ばすことだと考えているからです。

まず、講義・演習をこなすための日本語能力をつけること、そして考える力を養うこと、その上で「スピーチ」「討論」などの発信型スキルを養ってください。

学生生活に関連した事がらとして、オリエンテーションでどの授業を取るのか考え、掲示板の情報を読み取り、友人と情報について話し合う。大学祭やサークル活動に積極的に参加できるようなタスクも設定されています。またトラブルに対処できる日本語力もつけて、たくさんの友達を作ってください。こうした総合的な「日本語力」が、あなたが大学で勉強する上での貴重な宝物になってくれるに違いありません。

さあ、アカデミック・ジャパニーズの世界のとびらを開けてみましょう。このテキストがみなさんの「考える力」と「コミュニケーション能力」の向上にお役に立つことを、著者一同、心より願っております。

このテキストの作成にあたって、ジャパンタイムズ出版部の関戸千明さんには、単に編集者としてだけではなく、よいテキストを作成するための同志としても協力していただきました。心よりお礼申し上げます。

2001年11月

著者を代表して　佐々木瑞枝

●もくじ

第1課　オリエンテーション　　2

Ⅰ．履修申請（りしゅうしんせい）　　💿 チューターと時間割を決める　2
Ⅱ．奨学金の申請（しょうがくきんのしんせい）　　💿 学生課で奨学金について聞く　5

第2課　講義──歴史を読み解く（よとく）（上）　　8

Ⅰ．講義内容の理解　　Ⓐ キーワードを知る　8
　　　　　　　　　　💿 Ⓑ キーワードや数字を聞き取る　10
　　　　　　　　　　Ⓒ 箇条書きを文章に直す　12
Ⅱ．講義内容の確認　　Ⓐ 自分の言葉で説明する　12
　　　　　　　　　　Ⓑ 感想を書く　13
Ⅲ．関連資料を読む　　Ⓐ 記事の内容を理解する　15
　　　　　　　　　　Ⓑ 記事の内容をまとめる　15

第3課　講義──歴史を読み解く（よとく）（下）　　16

Ⅰ．講義内容の理解　　💿 Ⓐ 講義を聞いて表にまとめる　16
　　　　　　　　　　Ⓑ 文を読んで表にまとめる　18
Ⅱ．レポート作成の準備　　💿 Ⓐ レポートのテーマを友達に相談する　20
　　　　　　　　　　　　Ⓑ レポートのテーマを先生に相談する　20
　　　　　　　　　　　　Ⓒ レポートの資料を集める　21
　　　　　　　　　　　　Ⓓ 資料を読んで内容をまとめる　22
　　　　　　　　　　　　Ⓔ レポートの構成を考える　23

第4課　情報の読み取り　　24

Ⅰ．掲示板の情報　　💿 友達と携帯電話で話す　25
Ⅱ．教務からの連絡（きょうむ）　　掲示の内容を読み取る　26
Ⅲ．授業に関する連絡　　先生に受講の依頼をする　27
Ⅳ．ファックスの情報　　💿 友達に電話で情報を伝える──書き取る　28

第5課　講義──遺伝子と生命倫理（りんり）（上）　　30

Ⅰ．講義内容の理解　　Ⓐ キーワードを知る　30
　　　　　　　　　　💿 Ⓑ 重要な数字や語句を聞き取る　32
　　　　　　　　　　Ⓒ ノートを文にかえる　32
　　　　　　　　　　💿 Ⓓ 説明を聞いて理解し、図を完成する　33

Ⅱ．関連資料を読む   Ⓐ 適当な記事を選んで内容を推測する   **35**

Ⓑ 新聞記事を読む   **36**

Ⅲ．自分の考えをまとめる   遺伝子研究のメリットとデメリットを考える   **38**

第6課　講義——遺伝子と生命倫理（下）　 **39**

Ⅰ．講義内容の理解   Ⓐ グラフを読み取る   **39**

Ⓑ 必要な情報を聞き取る   **41**

Ⅱ．関連資料を読む   Ⓐ キーワードについて知る   **42**

Ⓑ 資料を選ぶ   **43**

Ⓒ 資料を読んで内容をつかむ   **44**

Ⅲ．自分の意見をまとめる   **45**

第7課　大学祭とサークル活動　 **46**

Ⅰ．大学祭の見学   プログラムと会場図を見て予定を立てる   **46**

Ⅱ．サークルでの大学祭参加   Ⓐ 説明を聞いて理解する   **48**

Ⓑ 話し合いの内容を理解する   **49**

Ⓒ 大学祭までにするべきことを確認する   **50**

Ⓓ 必要なものを電話で手配する   **50**

Ⓔ パンフレットを作る   **51**

Ⓕ アンケート用紙を作る   **52**

Ⓖ コンパの会場を選ぶ   **53**

Ⓗ サークルのコンパであいさつをする   **54**

第8課　演習（1）～ライフサイクルの経済学～　 **55**

Ⅰ．課題図書を読む   本文を読んで内容をまとめる   **56**

Ⅱ．インタビュー調査   インタビューを聞き取る   **60**

Ⅲ．発表の準備   発表レジュメを作成する   **61**

第9課　演習（2）～戦略経営学演習～　 **64**

Ⅰ．テキストを読む   テキストの内容をまとめる   **65**

Ⅱ．発表の準備   Ⓐ 発表用シートを作る   **68**

Ⓑ 発表の仕方について話し合う   **69**

Ⓒ 発表原稿を書く   **71**

Ⓓ 発表の練習をする   **73**

第10課　トラブルへの対処と生活情報　74

Ⅰ．学校でのトラブル　　　　　　　対処の表現を考える　74
Ⅱ．日常生活のトラブル　　　　　　Ⓐ 対処の方法を考える　76
　　　　　　　　　　　　　　　　Ⓑ 生活情報を得る　77
Ⅲ．いろいろな施設の利用　　　　　Ⓐ 図書館の利用法を知る　78
　　　　　　　　　　　　　　　　Ⓑ 図書館を上手に利用する　79
　　　　　　　　　　　　　　　　Ⓒ 施設を上手に利用する　79
Ⅳ．インターネットによる情報検索　インターネットの情報を利用する　80

第11課　プライベートなコミュニケーション　82

Ⅰ．留守番電話　　　　　　　　　　Ⓐ 留守番電話のメッセージを聞き取る　82
　　　　　　　　　　　　　　　　Ⓑ 留守番電話にメッセージを残す　83
Ⅱ．メモによるコミュニケーション　Ⓐ 手書きのメモを読み取る　84
　　　　　　　　　　　　　　　　Ⓑ メモを書く　86
Ⅲ．Ｅメールによるコミュニケーション　Ⓐ 情報を読み取りＥメールで返事をする　87
　　　　　　　　　　　　　　　　Ⓑ 大勢の人にＥメールで連絡する　88
　　　　　　　　　　　　　　　　Ⓒ 実際にメールを送る　89
Ⅳ．口頭でのコミュニケーション　　Ⓐ 先生とのコミュニケーション　90
　　　　　　　　　　　　　　　　Ⓑ 先輩とのコミュニケーション　91
　　　　　　　　　　　　　　　　Ⓒ 友人とのコミュニケーション　92

第12課　スピーチ　93

Ⅰ．スピーチを聞く　　　　　　　　Ⓐ キーワードを知る　93
　　　　　　　　　　　　　　　　Ⓑ スピーチを聞いてメモを取り、内容を確認する　94
　　　　　　　　　　　　　　　　Ⓒ 質問を考える　95
Ⅱ．質疑応答　　　　　　　　　　　Ⓐ スピーカーとして質問に答える　96
　　　　　　　　　　　　　　　　Ⓑ 質疑応答　97
Ⅲ．スピーチを書く　　　　　　　　Ⓐ スピーチのアウトラインを作成する　98
　　　　　　　　　　　　　　　　Ⓑ スピーチを作成する　101

第13課　討論　102

Ⅰ．討論への準備　　　　　　　　　討論をする際の注意を知る　102
Ⅱ．討論を聞く　　　　　　　　　　Ⓐ 討論の発言を聞き取る　102
　　　　　　　　　　　　　　　　Ⓑ 討論に必要な表現を学ぶ　104

Ⅲ．討論をする　　　　　　　Ⓐ テーマに関連した資料を読み取る　　**105**

　　　　　　　　　　　　　　Ⓑ 討論をする　　**107**

Ⅳ．討論の評価をする　　**108**

第14課　公開討議（1）準備「科学技術の進歩は人類を幸福にするか」　**109**

Ⅰ．公開討議の形式　　　　　公開討議の形式を知る　　**109**

Ⅱ．パネリストとしての準備（1）　Ⓐ 資料を読んで内容をまとめる　　**110**
　　「縄文人と21世紀人の幸福観」　Ⓑ 発表の内容を考える　　**111**

Ⅲ．パネリストとしての準備（2）　Ⓐ 資料を読んで内容をまとめる　　**112**
　　「先端医療の行方」　　　　Ⓑ 発表の内容を考える　　**113**

Ⅳ．パネリストとしての準備（3）　Ⓐ 資料を読んで内容をまとめる　　**114**
　　「IT革命は何をもたらすか」　Ⓑ 発表の内容を考える　　**115**

Ⅴ．パネリストとしての準備（4）　Ⓐ 資料を読んで内容をまとめる　　**116**
　　「経済発展と環境問題」　　Ⓑ 発表の内容を考える　　**117**

第15課　公開討議（2）実践「科学技術の進歩は人類を幸福にするか」　**118**

Ⅰ．パネリストの発表　　　　Ⓐ 発言の主旨を聞き取る　　**118**

　　　　　　　　　　　　　　Ⓑ 意見を述べ、質問に答える（1）　　**119**

　　　　　　　　　　　　　　Ⓒ 意見を述べ、質問に答える（2）　　**120**

　　　　　　　　　　　　　　Ⓓ 意見を述べ、質問に答える（3）　　**121**

　　　　　　　　　　　　　　Ⓔ 意見を述べ、質問に答える（4）　　**122**

Ⅱ．討議のまとめ　　　　　　Ⓐ 資料や意見をまとめる　　**123**

　　　　　　　　　　　　　　Ⓑ 司会者としてまとめる　　**124**

Ⅲ．公開討議の実践　　　　　公開討議のロールプレイをする　　**125**

参考文献　　**126**

このテキストは、全部で15課の構成になっています。各課ごとに、日本の大学生活におけるさまざまな場面を想定し、日本の大学で学びたいと考えている人や大学に入学したばかりの留学生がそれらの場面を疑似（ぎじ）体験（たいけん）する中で、日常生活・留学生活に必要なスキル（生活スキル）と学術研究活動に必要なスキル（学習スキル）が自然に身につくように構成してあります。

生活スキルや学習スキルには、情報を聞いたり読んだりして理解する"受信型（じゅしんがた）"のものと、話したり書いたりして自分の意思を伝えようとする"発信型（はっしんがた）"のものがあります。もちろん両者は密接に関連していますが、1～6課では受信型を中心に、7～15課では受信したものをもとにした発信型を中心に、活動を行うようになっています。

また、各課においては「聞く」「読む」「話す」「書く」のそれぞれの力を伸ばすタスクだけでなく、それらを同時に使って取り組むタスクも用意されています。

テキストの内容別構成は以下の通りです。全体の流れをつかみ、ニーズに合わせて効果的に使ってください。

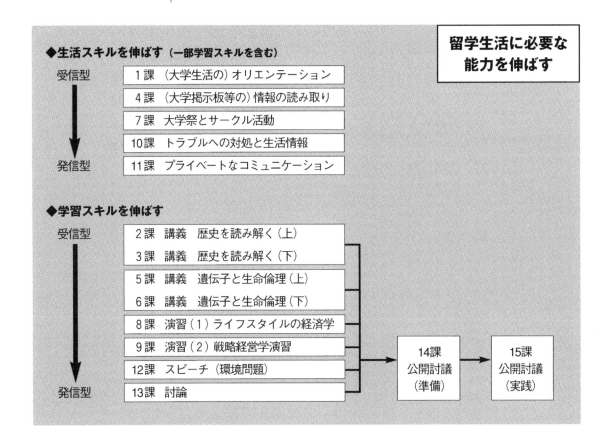

◆生活スキルを伸ばす（一部学習スキルを含む）

受信型
| 1課 （大学生活の）オリエンテーション |
| 4課 （大学掲示板等の）情報の読み取り |
| 7課 大学祭とサークル活動 |
| 10課 トラブルへの対処と生活情報 |

発信型
| 11課 プライベートなコミュニケーション |

◆学習スキルを伸ばす

受信型
| 2課 講義 歴史を読み解く（上） |
| 3課 講義 歴史を読み解く（下） |
| 5課 講義 遺伝子と生命倫理（上） |
| 6課 講義 遺伝子と生命倫理（下） |
| 8課 演習（1）ライフスタイルの経済学 |
| 9課 演習（2）戦略経営学演習 |
| 12課 スピーチ（環境問題） |

発信型
| 13課 討論 |

14課 公開討議（準備） → 15課 公開討議（実践）

留学生活に必要な能力を伸ばす

大学で学ぶための
アカデミック・ジャパニーズ
Academic Japanese for International Students

第 1 課　オリエンテーション

I. 履修申請
りしゅうしんせい

⚫ **チューターと時間割を決める** Track-02

　李さんは、経済学部の1年生です。入学後のオリエンテーションで、『履修案内』をもらいました。とりあえず、自分で取りたい科目を選んで、次のページのようにリストにしてみましたが、これでいいかどうかわからないので、チューターに相談することにしました。CDを聞いて、あとの問いに答えなさい。

「教養総合科目」履修の方法

		科　　　目	履　修　方　法
教養総合科目	共通科目	外国語 Ⅰ ・ Ⅱ	1・2年次に、2か国語16単位以上（必修）
		スポーツ・身体科学 Ⅰ	1年次または2年次に、2単位以上（必修）
	総合科目	主題講座	1〜4年次の間に4主題以上、計8単位以上（必修）
		基礎演習	自由選択、教養総合科目の単位として加算可能
	応用科目	外国語 Ⅲ ・ Ⅳ	自由選択、教養総合科目の単位として加算可能
		スポーツ・身体科学 Ⅱ	自由選択、教養総合科目の単位として加算可能
	合　　計		40単位以上

※外国人留学生のための授業科目

　外国人留学生は「日本語」または「日本事情」に関する科目を、以下のように代えることができる。

1．「日本語」を「外国語Ⅰ」の12単位以内に当てることができる。

2．「日本事情」「異文化間教育」を「主題講座」の4単位以内に当てることができる。

■李さんが選んだ科目

授業科目	区　分	単位数	期	学年	曜日	時間
経済史概論	専門・必修（経済）	4	通年	2・3年	月	1
認知と知識	教養（総合・主題）	2	前期	1・2年	月	2
民法Ⅰ	専門・選択（経済）	4	通年	3・4年	月	3
身体の科学	教養（共通）	2	前期	1・2年	月	4
研究の方法	教養（総合・基礎演習）	2	後期	1・2年	月	5
異文化間教育	留学生科目	2	通年	1・2年	火	1
経済原論Ⅰ	専門・必修（経済）	4	通年	2・3年	火	2
情報社会論	教養（総合・主題）	2	前期	1・2年	火	3
自然文化論	教養（総合・主題）	2	後期	1・2年	火	4
日本文学史	専門・必修（文学）	4	通年	2・3年	火	5
中国語Ⅰ	教養（共通）	2	通年	1・2年	水	1
情報処理演習	教養（総合・基礎演習）	2	通年	1・2年	水	2
環境学概論	教養（総合・主題）	2	前期	1・2年	水	3
情報科学	教養（総合・主題）	2	後期	1・2年	水	4
民法Ⅱ	専門・選択（経済）	4	通年	3・4年	水	5
教養演習	教養（総合・基礎演習）	2	後期	1・2年	木	1
日本事情	留学生科目	2	前期	1・2年	木	2
消費心理学	専門・選択（経済）	4	通年	2〜4年	木	3
国家と市民	教養（総合・主題）	2	後期	1・2年	木	4
基礎研究Ⅰ	教養（総合・基礎演習）	2	後期	1・2年	木	5
フランス語Ⅰ	教養（共通）	2	通年	1・2年	金	1
比較文学特講	専門・必修（文学）	4	通年	3・4年	金	2
スポーツ	教養（共通）	2	通年	1・2年	金	3
ミクロ経済学	専門・選択（経済）	4	通年	2〜4年	金	4
情報処理演習	教養（総合・基礎演習）	2	通年	1・2年	金	5
フランス語Ⅱ	教養（共通）	2	通年	1・2年	土	1
情報社会論	教養（総合・主題）	2	前期	1・2年	土	2

1. 李さんの時間割はどのようになりましたか。下の表に科目名を書き入れなさい。

曜日＼時限	1	2	3	4	5
月					
火					
水					
木					
金					
土					

2. 李さんは、今年、合計何単位の授業を取ることにしましたか。下の表の①〜⑧に適当な単位数を入れなさい。

		科　　　目	単　位　数		
教養総合科目	共通科目	外国語 Ⅰ・Ⅱ	計	①＿＿＿＿＿	単位
		スポーツ・身体科学 Ⅰ	計	②＿＿＿＿＿	単位
	総合科目	主題講座	計	③＿＿＿＿＿	単位
		基礎演習	計	④＿＿＿＿＿	単位
	応用科目	外国語 Ⅲ・Ⅳ	計	⑤＿＿＿＿＿	単位
		スポーツ・身体科学 Ⅱ	計	⑥＿＿＿＿＿	単位
専　門　科　目			計	⑦＿＿＿＿＿	単位
合　　計				⑧＿＿＿＿＿	単位

II. 奨学金の申請

● 学生課で奨学金について聞く　💿 Track-03

　留学生が、学生課の人に奨学金のことについて聞いています。次のページの「私費外国人留学生のための奨学金募集一覧表」と「民間奨学金等申込書の記入について」を見ながらCDを聞いて、質問に答えなさい。

1. CDの途中で、番号と「ピー」という音が聞こえます。その部分に入る言葉を表から探して、①～⑥の＿＿＿＿＿に書きなさい。また、（　　）にその読み方をひらがなで書きなさい。

① ＿＿＿＿＿＿＿＿＿＿　（　　　　　　　　　　　　）

② ＿＿＿＿＿＿＿＿＿＿　（　　　　　　　　　　　　）

③ ＿＿＿＿＿＿＿＿＿＿　（　　　　　　　　　　　　）

④ ＿＿＿＿＿＿＿＿＿＿　（　　　　　　　　　　　　）

⑤ ＿＿＿＿＿＿＿＿＿＿　（　　　　　　　　　　　　）

⑥ ＿＿＿＿＿＿＿＿＿＿　（　　　　　　　　　　　　）

2. 下の①～③について、この留学生が満たしている条件をまとめなさい。

①身分：＿＿＿＿＿＿＿＿＿＿＿＿＿＿＿＿＿＿＿＿＿＿＿＿＿

②国籍：＿＿＿＿＿＿＿＿＿＿＿＿＿＿＿＿＿＿＿＿＿＿＿＿＿

③年齢：＿＿＿＿＿＿＿＿＿＿＿＿＿＿＿＿＿＿＿＿＿＿＿＿＿

3. 次のページの表の1～8のうち、この留学生が学内選考に応募できる奨学金はどれですか。その奨学会等の名称と金額を書きなさい。

奨 学 会 等 名	金 額
＿＿＿＿＿＿＿＿＿＿＿＿＿＿	￥＿＿＿＿＿＿＿＿＿＿
＿＿＿＿＿＿＿＿＿＿＿＿＿＿	￥＿＿＿＿＿＿＿＿＿＿
＿＿＿＿＿＿＿＿＿＿＿＿＿＿	￥＿＿＿＿＿＿＿＿＿＿
＿＿＿＿＿＿＿＿＿＿＿＿＿＿	￥＿＿＿＿＿＿＿＿＿＿
＿＿＿＿＿＿＿＿＿＿＿＿＿＿	￥＿＿＿＿＿＿＿＿＿＿

私費外国人留学生のための奨学金募集一覧表（平成○○年度）

奨 学 会 等 名	月額（円）		募集時期	出 願 資 格 等
1. 私費外国人留学生 学習奨励費	学　部 大学院	50,000 70,000	4 月	学部正規生 大学院正規生・研究生
2. 丹羽国際交流基金	大学院	50,000	4 月	修士 2 年生・博士 3 年生
3. 在日アジア支援基金	学　部	25,000	4 月	学部 1 年生：アジア国籍（直接）
4. ハルロータリー基金	学　部 大学院	100,000 150,000	9 月	学部 3・4 年生：中国を除く 博士 2・3 年生：中国を除く
5. 友好国際交流奨学金	学　部	70,000	4 月	学部正規生：アジア圏
6. 久里教育財団	大学院	100,000	4 月	理工系研究科（直接）
7. 岩島留学生奨学金	大学院	120,000	4 月	修士正規生：30才未満 博士正規生：35才未満（直接）
8. 国際交流協会奨学金	学　部	60,000	4 月	学部正規生：アジア諸国

民間奨学金等申込書の記入について

I. 申請資格

在留資格が「留学」の私費外国人留学生（政府派遣留学生は除く）である者。

なお、在留資格が「留学」でない場合、「留学」の資格変更後、「外国人登録証明書」の提出を確約できる者は申請できる。

II. 提出書類

1. 民間奨学金等申込書（A4 3枚）　　　　　　　　　　　　　　　　　　　　　　1部

2. 外国人登録証明書（「留学」の在留資格が確認できるもの）　　　　　　　　　　1部

　　（在日同居家族についても提出のこと）

3. 成績証明書（日本語または英語）の写し（学部1年生は不要）　　　　　　　　1通

　　（在校生は本学前年度の証明書、編入生、大学院修士課程1年生、博士課程

　　　1年生及び研究生（学部・大学院）は前在籍大学の証明書）

4. 賃貸借契約書（1ヶ月の賃貸料が掲載されているもの）の写し　　　　　　　1通

　　（本学留学生会館及び国際交流会館入居者は必要ありません）

5. 所得に関する証明書の写し　　　　　　　　　　　　　　　　　　　　　　　1部

　　（アルバイト等月収明細書等または授業料免除申請添付書類の写し）

　　（被扶養者は扶養者の源泉徴収票または納税証明書の写し）

III. 申込書記入上の注意

1. 「学部名」、「研究科・学府等名」及び「学籍番号」の欄は、申込期の所属（予定を含む）で記入してください。

2. 「現在の所属」及び「連絡先」は確実に連絡の取れる所を記入してください。

3. 「収入状況」は過去6ヶ月の平均を記入してください。

IV. その他

1. 連絡先住所及び電話番号等に変更がありましたらお知らせください。

2. 大学院に合格した場合は合格通知書を提出してください。

3. 他の奨学金受給者となった場合は、必ず申し出てください。

※申請書に虚偽の記述が認められた場合は、推薦の見合わせ、または取り下げを行うことがありますので、注意してください。

（参考：横浜国立大学『民間奨学金申込書の記入について』）

I. 講義内容の理解

Ⓐ キーワードを知る

　下の①〜⑦は、青森県の三内丸山遺跡（さんないまるやまいせき）で発見されたものの写真です。次のページの説明は、それぞれどの写真のものですか。（　　　）にひらがなまたはカタカナで名前を書きなさい。

①（　　　　　　　　　　　）
（復元したもの）

②（　　　　　　　　　　　）

③（　　　　　　　　　　　）

④（　　　　　　　　　　　）
（復元したもの）

⑤（　　　　　　　　　　　）

⑥（　　　　　　　　　　　）

⑦（　　　　　　　　　　　）

（写真提供：青森県教育庁文化財保護課三内丸山遺跡対策室）

<写真の説明>

大型掘建柱建物跡
<small>おおがたほったてばしらたてものあと</small>

地面に穴を掘り、柱を立てて造った建物の跡。直径約2m、深さ約2mの6つの穴の中に約1mのクリの木柱（きばしら）が入っていた。復元（ふくげん）された建物は遺跡（いせき）のシンボル。

竪穴住居
<small>たてあなじゅうきょ</small>

縄文（じょうもん）時代の小さな住居。地面を掘って床を作り、中央に炉（ろ）を作り、柱を円柱形に立て、屋根をつけた。

大型竪穴住居跡
<small>おおがたたてあなじゅうきょあと</small>

長さが32mもある大型の住居跡。復元された建物は、中央に炉があり、6本の柱で屋根を支えている。

土偶
<small>どぐう</small>

土の人形。この遺跡から発見されたのは十字型（じゅうじがた）で平（ひら）べったいタイプ。

土器
<small>どき</small>

縄（なわ）で模様をつけて焼いた土の器。バケツ型（がた）のものが多い。

ヒスイ

硬（かた）くて美しい石。小さいものはアクセサリーとして、大きいものは宗教的な儀式（ぎしき）などに使われたのかもしれない。

漆器
<small>しっき</small>

漆（うるし）を塗（ぬ）った木製品や土器。漆のおわんは赤い色が鮮（あざ）やかな状態で発見された。

　講義の初めに次のようなハンドアウトが渡されました。CDの講義を聞きながら、指示に従って必要なことを記入しなさい。

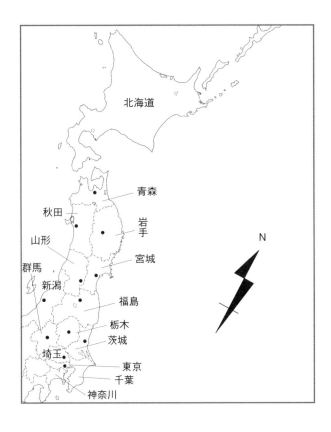

歴史は覆る（縄文時代）ー三内丸山遺跡からー

1．位置

2．年表

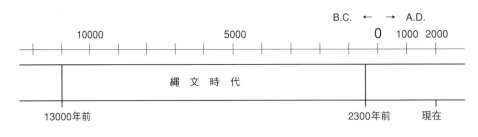

3．三内丸山遺跡の特徴

　・①_____　……　約②_____ha

　・③_____　……　約④_____年間

　・⑤_____　……　竪穴住居跡：約⑥_____
　　　　　　　　　　　　　　　土坑：約⑦_____
　　　　　　　　　　　　　　　掘建柱建物跡：約⑧_____
　　　　　　　　　　　　　　　大人の墓：約⑨_____
　　　　　　　　　　　　　　　子供の墓：約⑩_____
　　　　　　　　　　　　　　　土器、石器、土偶など：ダンボール箱約⑪_____箱

4．三内丸山遺跡の発掘調査でわかったこと

　・①_____技術　と　②_____技術の存在
　　　　　　　←　大型掘建柱建物、大型竪穴住居、漆器のおわん、穴のあいたヒスイなど

　・食料の③_____　　　　　←　クリの実の分析など

　・施設の④_____配置　　（住居、墓、ゴミ捨て場など）

　・土器、土偶などの大規模な⑤_____

　・遠方との⑥_____　　←　ヒスイ、アスファルトなど

　・縄文人の心（死のとらえ方）など　←　成人と子供の埋葬方法の違い

　前のページのハンドアウトの内容を文章に書き換えるとどうなりますか。例を参考にして、
（　　　）の中には助詞を、＿＿＿＿＿の部分には動詞を書きなさい。

（例）建築技術と加工技術の存在　→　建築技術と加工技術（　が　）存在していた。

①食料の栽培　　　　　→　食料（　　　　　）＿＿＿＿＿＿＿＿＿＿＿＿＿＿＿＿＿＿＿。

②施設の計画的配置　　→　施設（　　　　　）計画的に＿＿＿＿＿＿＿＿＿＿＿＿＿＿＿。

③大規模な生産　　　　→　大規模な生産（　　　　　）＿＿＿＿＿＿＿＿＿＿＿＿＿＿＿。

④遠方との交易　　　　→　遠方との交易（　　　　　）＿＿＿＿＿＿＿＿＿＿＿＿＿＿＿。

⑤縄文人の心　　　　　→　縄文人の心（　　　　　）＿＿＿＿＿＿＿＿＿＿＿＿＿＿＿＿。

II. 講義内容の確認

　Ⅰのハンドアウトを参考にしながら、次の会話のＳさんになったつもりで、①と②の
＿＿＿＿＿に適当な文を入れて、友達に講義の内容を説明しなさい。②では、できるだけ多くのこ
とをわかりやすく話しなさい。

Ｏ：きのうの授業、休んじゃったんだけど、どうだった？

Ｓ：おもしろかったわよ。教科書に書かれていた歴史が、新しい発見によって覆されることもあるっ
　　てわかって。

Ｏ：え？　どういうこと？

Ｓ：つまりね、以前は縄文時代っていうと①＿＿＿＿＿＿＿＿＿＿＿＿＿＿＿＿＿＿＿＿＿＿っていう
　　イメージだったし、学校の教科書にもそう書いてあったけど、三内丸山遺跡でいろいろなものが
　　発見されてから、見方が大きく変わったんですって。例えば、②＿＿＿＿＿＿＿＿＿＿＿＿＿＿

＿＿＿

＿＿＿

＿＿＿

＿＿。

B 感想を書く

講義を聞いてわかったことや感想を200字以内でまとめなさい。

III. 関連資料を読む

講義の関連資料として次の新聞記事を読んで、あとの問題に答えなさい。

縄文観覆す青森・三内丸山遺跡

巨大集落生んだ気候変動

縄文の歴史を書き換える三内丸山遺跡は、たくさんの「?」を生み出した。その中でも最も素朴な疑問は、なぜ、こんな寒そうな本州の北端に巨大集落ができたのかということだ。また遺跡は五千五百年前から四千年前の千五百年間栄えたことがわかっているが、どうして、この時期に栄え、そして滅んだのだろう。

実は青森や秋田を中心とする北東北地方は「縄文時代、日本でも豊かな土地の一つだった」（国立国際日本文化研究センターの安田喜憲教授）。そして三内丸山の巨大集落は恵まれた自然環境が、気候の寒冷化により住みにくくなっていく過程で誕生した、と考えられる。

物語は集落が誕生する千年ほど前、今から六千五百年前から始まる。地層に眠る植物の花粉などの分析から当時の気候が推測できるようになったが、それによると当時は過去、一万年で世界で最も暖かい時代だった。日本では今より気温が二、三度高く、海面は数メートル高かった。

狩猟採集生活の縄文人にとって、住み合って食料の調達に取り組む。ヒエ良いところとは木の実がたくさんとれ、魚や貝などの海の幸が豊かな場所だ。自然条件から青森を考えると、青森はナラ林が近くにあり、陸奥湾という広大な内湾に面している。つまり海と山の幸の両方に恵まれた場所だった。

食料欠乏恐れ倉庫

ただ六千五百年前には巨大集落は出現していない。縄文人は集まらなくても、自由に食料を調達できた。三内丸山は温暖化のピークを過ぎ、寒冷化が進んだ千年後に初めて姿を現す。環境が悪化し食料調達が難しくなった人々は助け合い食料を集めるようになった。豊かだった土地は、人口密度が高く他の地域より容易に巨大集落が誕生できる環境だった。それが「海外では大河流域に誕生した古代都市国家であり、国内では青森の地に出現した三内丸山の集落」（安田教授）なのである。

実際、三内丸山の集落が終わりを迎える四千年前のことだ。当時、気候の寒冷化は一つのピークを迎えている。周囲の環境悪化に耐え、ギリギリの状態で高い人口密度を維持していたところに寒冷化の追い打ちがかかった。「人口が急減し、カタストロフィックな崩壊が起きた」（安田教授）可能性がある。

三内丸山の縄文人が環境悪化に対抗しながら集落を発展させていく間にも様々なことが起こった。一つの可能性が森林破壊だ。遺跡からは地面を埋め尽くすように縄文土器が出土している。膨大な量の土器を焼くためには、膨大な薪（まき）が必要だ。遺跡からはシカなど大型動物の骨があまり見つからず、ムササビなど小動物の骨が多いのも森林が破壊された傍証とみられる。

五千五百年前にメソポタミアにシュメール人による都市国家が生まれ数百年遅れてエジプトに第一王朝が誕生した。巨大集落ができると、人は知恵を出が栽培されていたとの説もある。ドングリの不作などに備えて倉を作り、食料の貯蔵にも熱心になった。三内丸山遺跡の中央に倉庫跡とみられる建物の柱がたくさんあることは、縄文人が食料欠乏を恐れていたことの証拠とみられる。

（日本経済新聞・1994年11月27日）

Ⓐ 記事の内容を理解する

記事の内容と合っているものには○を、違うものには×を書きなさい。

① （　　　　　） 約6500年前は過去1万年で一番寒い時期だった。

② （　　　　　） 人々は暖かい土地を求めて集まり、巨大集落（きょだいしゅうらく）を作っていった。

③ （　　　　　） 青森は海と山の両方から食料を得られるよい場所だった。

④ （　　　　　） 三内丸山の集落とメソポタミアの都市国家は同じころ誕生した。

⑤ （　　　　　） 三内丸山の集落には倉庫のようなものがたくさんあったらしい。

⑥ （　　　　　） 三内丸山の集落付近には大型動物しかいなかった。

Ⓑ 記事の内容をまとめる

下の＿＿＿＿に記事から適当な言葉を探して書き入れ、記事の内容をまとめなさい。②は2か所あり、同じ言葉が入ります。

　本州北端（ほくたん）の地に巨大集落ができた原因は①＿＿＿＿＿＿＿＿＿＿＿＿である。つまり、気候が温暖で食料に恵まれていたときはそれぞれに食料を調達（ちょうたつ）できたが、②＿＿＿＿＿＿＿＿が進み、食料調達が難しくなると、人々は③＿＿＿＿＿＿＿＿＿＿＿＿＿ために、巨大集落を形成していった。食料の不足に備（そな）えて穀物を④＿＿＿＿＿＿したり、倉庫に⑤＿＿＿＿＿＿したりした。しかし一方で、膨大（ぼうだい）な量の土器を焼くために大量の木が切られ、⑥＿＿＿＿＿＿＿＿が進んだ可能性もある。そんな環境の悪化の中で何とか巨大な集落を維持（いじ）していたところに②＿＿＿＿＿＿＿＿のピークを迎え、急激に⑦＿＿＿＿＿＿したのではないか。

第3課 講義——歴史を読み解く（下）

I. 講義内容の理解

A 講義を聞いて表にまとめる Track-05

1. 講義では、縄文時代の花粉の分析について説明しています。図1の花粉ダイアグラムを見ながらCDを聞き、表1の①〜⑤の_____に適当な言葉を記入しなさい。

図1 花粉ダイアグラム（花粉帯 I〜III）

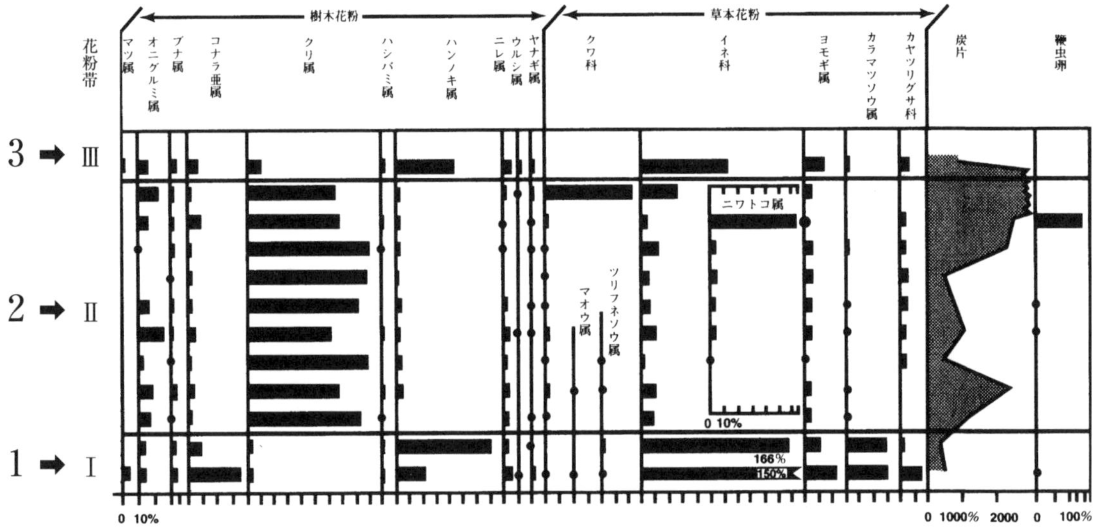

表1 花粉分析から明らかになった環境変化（花粉帯 I〜III）

花粉帯	植生	人間活動	人間の自然への干渉
III 4700〜4800年前	ハンノキ林と イネ科の植物	不活発	小
II 4800〜5000年前	③_____林	④_____	⑤_____
I 5000〜5500年前	ナラとハンノキの林 カラマツ草の湿原	①_____	②_____

2. 1を参考に、図2の花粉ダイアグラムから花粉帯Ⅳ～Ⅴの時代の環境変化を読み取って、表2の①～⑨の_____に適当な言葉を記入しなさい。

図2　花粉ダイアグラム　（花粉帯 Ⅳ～Ⅴ）

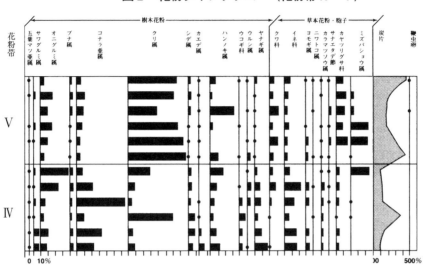

(図1・2：梅原猛・安田喜憲編著『縄文文明の発見 ― 驚異の三内丸山遺跡 ―』
ＰＨＰ研究所［一部改]）

表2　花粉分析から明らかになった環境変化（花粉帯 Ⅳ～Ⅴ）

花粉帯	植生	人間活動	人間の自然への干渉
Ⅴ 3300～ 4000年前	⑦＿＿＿＿＿＿林	⑧＿＿＿＿＿＿	⑨＿＿＿＿＿＿
Ⅳ 4000～ 4300年前	⑥＿＿＿＿＿＿林	活発	中
	ナラ林	不活発	小
	③＿＿＿＿＿＿林	④＿＿＿＿＿＿	⑤＿＿＿＿＿＿
	ナラ林　ハンノキ林	①＿＿＿＿＿＿	②＿＿＿＿＿＿

次の文はＡで聞いた講義の続きです。これを読んで、右のページに内容をまとめましょう。

昆虫化石からもいろいろなことがわかったんです。

愛知県立明和高等学校教諭の森勇一氏は、調査に先立って、どんな昆虫化石が検出されるか予想を立てたそうです。まず遺跡の大きさから考えて、人間によって作られた環境に生息する「人里昆虫」と、人間の生活ゴミなどに集まる「都市型昆虫」。そして、この遺跡が気候の温暖な時期に栄えたと言われていることから考えて「温暖型昆虫」。これらが、三内丸山遺跡を特徴づける昆虫だろうと予想したわけです。

分析の結果、「人里昆虫」については予想通りで、管理された林に多い昆虫が多数発見されたんですが、人口の多い集落に見られる「都市型昆虫」はほとんど発見されませんでした。反対にきれいな水を好む珪藻化石が多かったことから、環境汚染が極めて少なかったことがわかりました。寄生虫の卵が多数発見されてトイレの跡ではないかと推定されている箇所があるんですが、そこでさえ、糞などに集まる昆虫の化石は全く検出されず、出てきたのは水生昆虫の化石なんです。つまり、もしそこがトイレだったとしたら水洗トイレのようなものだった可能性があるということです。

「温暖型昆虫」については予想していたものも検出されましたが、それよりもむしろ温帯から冷温帯に見られる昆虫の化石が多かったそうです。それで、今まで考えられていたより寒冷な気候だったことがわかったんですね。

このように、さまざまな科学的な分析の結果から、遺跡を取り巻く環境やその年代について新しい事実が判明すると同時に、今後さらに検討していかなければならない点もたくさん出てきているといえます。

また、民俗学、人類学、心理学といったさまざまな角度からの研究も進められていますから、皆さんもぜひ調べてみてください。

(参考：『縄文文明の発見 ― 驚異の三内丸山遺跡 ―』)

講義の内容を下のようにまとめました。①〜⑫の＿＿＿＿に適当な言葉や記号を入れなさい。

■ 昆虫化石の分析

検出が予想された昆虫	結果 (○　△　×)	分析結果からわかったこと 推測できること
人里昆虫	③＿＿＿＿＿	人為的に⑤＿＿＿＿＿＿された林
①＿＿＿＿＿型昆虫	④＿＿＿＿＿	環境汚染は極めて⑥＿＿＿＿＿＿＿
②＿＿＿＿＿型昆虫	△	考えられていたより ⑦＿＿＿＿＿＿＿＿な気候

その他：　一定の場所で寄生虫の卵が多数検出　　⇒　⑧＿＿＿＿＿＿＿＿の可能性

　　→　　そこでは、糞などに集まる昆虫の化石は検出されず
　　　　水生昆虫の化石が多数検出　　　　　　　⇒　⑨＿＿＿＿＿＿＿＿の可能性

■ 三内丸山遺跡の研究調査

考古学、建築学、植物学、遺伝学などのほか、

⑩＿＿＿＿＿＿学、⑪＿＿＿＿＿＿学、⑫＿＿＿＿＿＿学など、さまざまな角度から

進められている。

II. レポート作成の準備

Ⓐ レポートのテーマを友達に相談する Track-06

　田中先生の前期試験は縄文時代についてのレポートです。テーマを決定するために、木下さんは同じ授業を取っている友達の宮田さんに相談しました。CDを聞いて、下の①～⑥の＿＿＿＿をうめなさい。

木下 (男)：今度のレポートのテーマ、どうしようか①＿＿＿＿＿＿＿＿＿＿＿＿＿＿＿＿、ちょっと

　　　　　　②＿＿＿＿＿＿＿＿＿＿＿＿＿＿＿＿。

宮田 (女)：バイトがあるんだけど、少しなら大丈夫よ。

木下：授業で③＿＿＿＿＿＿＿＿＿＿＿三内丸山遺跡って、おもしろそうだと思うけど、テーマ

　　　を決めて書くとなると難しいよね。

宮田：そうね。遺伝子学とか建築学とか民俗学とか、いろんな角度から研究されているようだもんね。

木下：うん。何を選べばいいか④＿＿＿＿＿＿＿＿＿＿＿＿＿。

宮田：一番興味のあることがいいんじゃない。私は科学的な分析についての話がおもしろいと思う。

木下：「縄文時代の女性について」⑤＿＿＿＿＿＿＿＿＿＿。難しすぎるかな。

宮田：そう言えば、土偶はみんな女性みたいだし。おもしろそうじゃない。

木下：そうだね。やってみようかな。⑥＿＿＿＿＿＿＿＿＿＿＿＿＿＿＿＿＿。

宮田：ううん。じゃ、がんばろうね。

Ⓑ レポートのテーマを先生に相談する

　先生に相談する場合、Ⓐの①～⑥はそれぞれどのように言いますか。

①＿＿＿＿＿＿＿＿＿＿＿＿＿＿＿＿＿＿＿＿＿＿＿＿＿＿＿＿＿＿＿＿＿＿＿＿

②＿＿＿＿＿＿＿＿＿＿＿＿＿＿＿＿＿＿＿＿＿＿＿＿＿＿＿＿＿＿＿＿＿＿＿＿

③＿＿＿＿＿＿＿＿＿＿＿＿＿＿＿＿＿＿＿＿＿＿＿＿＿＿＿＿＿＿＿＿＿＿＿＿

④＿＿＿＿＿＿＿＿＿＿＿＿＿＿＿＿＿＿＿＿＿＿＿＿＿＿＿＿＿＿＿＿＿＿＿＿

⑤＿＿＿＿＿＿＿＿＿＿＿＿＿＿＿＿＿＿＿＿＿＿＿＿＿＿＿＿＿＿＿＿＿＿＿＿

⑥＿＿＿＿＿＿＿＿＿＿＿＿＿＿＿＿＿＿＿＿＿＿＿＿＿＿＿＿＿＿＿＿＿＿＿＿

ⓒ レポートの資料を集める

1. 図書館で「縄文」というキーワードで図書検索（けんさく）をした結果、次のようなリストが得られました。レポートのテーマに合うものを選ぶために、検索結果のア〜チを内容別に下の①〜⑦に分類しなさい。

```
==検索結果==

ア 『写真と図解　日本の古墳・古代遺跡』

イ 『やってみよう縄文人生活』

ウ 『縄文人の文化力』

エ 『縄文再発見』

オ 『日本人の起源の謎（なぞ）』

カ 『美と楽（らく）の縄文人』

キ 『縄文文明の発見　驚異（きょうい）の三内丸山遺跡』

ク 『海を越（こ）えた縄文人』

ケ 『神と女の古代』

コ 『縄文語の発見』

サ 『縄文式頭脳革命（ずのうかくめい）』

シ 『縄文人の知恵』

ス 『女と男の時空（じくう）　日本女性史再考　①ヒメとヒコの時代　原始・古代（上）』

セ 『縄文人に学ぶ　歴史・環境・ライフスタイル』

ソ 『縄文のムラの研究　ぬりかえられる縄文人のイメージ』

タ 『縄文時代　コンピュータ考古学による復元（ふくげん）』

チ 『日本語のルーツが分かった！』
```

<分類>

①縄文時代の遺跡……（　　　　）　　　　②縄文生活の体験……（　　　　）

③縄文時代の女性……（　　　）（　　　）　④日本人の起源………（　　　　）

⑤日本語の起源………（　　　）（　　　）

⑥今までの縄文観（じょうもんかん）の見直し………（　　　）（　　　）（　　　）（　　　）
　　　　　　　　　　　　　　　　　　（　　　）（　　　）（　　　）

⑦現代人が縄文時代から学ぶこと……………（　　　）（　　　）（　　　）

2. レポートの資料を集めるためには、キーワードによる検索のほかにどんな方法があるか考えましょう。

D　資料を読んで内容をまとめる

　Cで検索した資料の一冊に、木下さんのレポートのテーマに関係がありそうな部分がいくつか
ありました。これを読んで、次のページに内容をまとめましょう。

（1）

　では土偶は一万年の長きにわたり、なぜ造られ続けたのか。

　土偶は女性である。女性の体に期待するものといえば、出産によって、新しい命を産む力であ
る。それは食糧を産む自然への期待に通じる。（中略）

　自然の恵み、増殖を土偶に願う。縄文人はその力を赤ん坊を産む成人女性に見た。女性のその
神秘な力に加え、自然の恵みを採取する役割は、男より女の方が大きかった。女性は土器も
造り、子育てもし、調理もした。そうした女性のすべてが土偶に表現されているような気がする
と藤沼さん。

（2）

　縄文期の人骨で、近親婚の形跡のあるものは一例も出ていない。狭い地域で世代交代を繰り返
していくと、色々な障害が出てくる。そのことを縄文人は知っていた。だから人が頻繁に動くシ
ステムがあった。

　民族事例からみて女が動くことは少ないとされる。動いたのは主に男であった。そして母系社
会のなかで女はムラを守った。動く男と動かない女は結婚し、男はそこに住み着いた。

　さまざまな男が三内丸山を訪れ、また男は出て行った。祭祀の中で重要な役割を担っていたと
思われる土偶が動き、人が動くということは、祭祀をする人もまた動いた可能性がある。宗教に
かかわる司祭者もこの三内丸山の女性と結婚し、定住したかもしれないという。

（3）

　縄文土器は土器についた指紋や口が小さく男の手首では入らないものも多いことから、女性が
つくったことが定説になっている。そして土器と同じ場所でつくられた土偶も当然、女性によっ
て製作されたに違いない。女性たちは共同の作業場に集まり、楽しくおしゃべりをしながら、土
器と共に土偶をつくった。土偶に一つとして同じ顔のものはない。一人ひとりの個性が表情豊か
な土偶たちを造り上げていった。

　その土偶に精霊が宿るための儀式を、あるいは女性のシャーマンがしたかもしれない。

（楠戸義昭著『神と女の古代』毎日新聞社）

文章の中から適当な言葉を選んで_____に書き、内容をまとめなさい。

（1）土偶は女性　→　女性＝①_____や②_____のシンボル

　　　土偶には女性のすべてが表されている

　　　　＊神秘的な力（③_____）

　　　　＊④_____を採取する役割（土器の生産・子育て・調理）

（2）縄文期の人骨には近親婚の形跡がない＝⑤_____システムがあった

　　　⑥_____社会だったと考えられる

　　　（⑦_____がムラを守り⑧_____が移動したのではないか）

（3）土器・土偶は⑨_____がつくっていたらしい

　　　　→　生き生きと生活する⑩_____の姿が想像できる

Ｅ　レポートの構成を考える

　Ｄの資料をもとに、レポートの構成を考えました。①～③の_____に適当な言葉を書きなさい。

縄文時代の女性たち

1. はじめに

2. ①_____が表す女性像

3. 縄文時代の人の移動と②_____社会の中での結婚形態

4. 土器・土偶の③_____としての女性

5. まとめ

第 **4** 課　情報の読み取り

I. 掲示板の情報

経済学部掲示板

授業料など

納入告知

学生各位
平成〇〇年度授業料を下記に
より納付してください。
記
納付金額
学部生及大学院生
・・・・・・
研究生
・・・・・・
聴講生
・・・・・・

納付場所：事務中央館1階
納付時間：平日9:00 am～5:00 pm
納付期限：平成00年0月00日

教務関係

学生各位

　各種証明書の申請・交付時間の変更について

　この度、各種証明書の申請・交付時間及び、
交付所要日数が変更されましたのでお知らせし
ます。

記
申請・交付時間：平日　午前9時～午後4時半
　　　　　　　（但し昼休み 12:00～13:00）
交付所要日数：成績証明書　　中4日
　　　　　　　　その他証明書　中3日
（但し、土日、休日を挟む場合は、その日数分だ
けかかります）

授業関係

異文化間コミュニケーション論受講希望の方へ

　今年度の異文化間コミュニケーション論は、
受講希望者多数のため、抽選とします。
　但し、下記条件を満たしているものについては
優先的に受講を認めますので、至急申し出てく
ださい。なお、不明な点は高橋まで。
■優先受講条件
　1. 昨年度「異文化間理解概論」受講者
　2. 異文化間コミュニケーションに興味の
　　　ある者
　3. 意欲のある者
　4. 出席率良好を確約できる者
　　　　　　　　　　　　　　　　　　以上

休講など

経済学演習
5月23日（火）

経営学特講III
5月24日（水）

留学生関係

留学生ツアー
ご案内

ご自由にお持ちください

さあ、ドライブに
でかけよう！

■コース：………
※学生割引有り
KUドライビングスクール
Tel: 0120-345-0000

管弦楽団定期演奏会

日時：・・・・・
場所：・・・・・

アルバイト

家庭
教師
……

家庭
教師
……

落とし物

・黒の定期入れ（心当たりの方は学生課まで）

いま、大学の掲示板のところにいます。ちょうど友達から携帯電話がかかってきました。CD
を聞いて、①～⑳の_____に適当な言葉を入れなさい。

タン(女)：もしもし。

藤沢(男)：あ、タンさん？　ぼく、藤沢だけど。いま、どこ？

タン：ああ、①_____。藤沢くんは？　②_____まだ家？

藤沢：そう。今日1限休講だったろ？

タン：そうだったの。③_____？　そんなこと。

藤沢：いや、もっとずっと前に④_____言ってたよ。ぼく、そういうのは

　　　⑤_____。

タン：何だ、教えてよ。私、知らずに大学来ちゃった。

藤沢：そうか、ごめん。何かほかに⑥_____？

タン：「⑦_____」っていうのがあした休みだって。⑧_____。

藤沢：そっか。そいつは、関係ないな。ほかに何かある？

タン：あとは⑨_____のと、⑩_____、それにアルバイトと、あと

　　　⑪_____……かな。

藤沢：あ、バイト何かいいのない？　⑫_____とか。

タン：最近少ないなあ、出てるのは⑬_____だよ。ところでさ、藤沢くんは、

　　　⑭_____持ってたっけ？　車の。

藤沢：ううん。まだだけど。

タン：ここに⑮_____が貼ってあるんだけど、一緒にとらない？

藤沢：う～ん、そうだなあ。⑯_____？

タン：ううん、⑰_____だけど。

藤沢：ぼくもとりたいことはとりたいからさ、そこに⑱_____書いてない？

タン：あるよ。

藤沢：じゃあ、それどっかに⑲_____。こんどさ、見に行こうか。

タン：うん、オッケー。⑳_____。バイバーイ。

II. 教務からの連絡

● 掲示の内容を読み取る

次の掲示をよく見て、会話の①〜⑩の_____に適当な言葉や数字を入れなさい。

学生各位

　　　　各種証明書の申請・交付時間の変更について

　この度、各種証明書の申請・交付時間及び、交付所要日数が変更されましたのでお知らせします。

　　　　　　　　　　　　　記

申請・交付時間：平日　午前9時〜午後4時半
　　　　　　　　　（但し昼休み 12:00〜13:00）
交付所要日数：成績証明書　　　　中4日
　　　　　　　　その他証明書　　中3日
（但し、土日、休日を挟む場合は、その日数分だけかかります）

学生男：あれ、時間の変更だってさ。

学生女：ほんとだ。これ、けっこう不便なのよね。前は5時までだったけど、なんだ、①_____分早くなるんだ。終わりが。

学生男：これさ、授業があるときは絶対無理だよね。②_____もしっかり1時間あるし。

学生女：あれ、これはどういうこと？ ここ、「③_____」のところ。中4日とか、中3日とか。

学生男：あ、それね。写真のプリントと同じだよ。たぶん、中4日は、間が4日だから、今日申請したら、あした、④_____、しあさっての次の次。⑤____日後にはできるってことだよ。

学生女：今日は火曜日だから、あれ⑥____曜日？

学生男：⑦____曜日は休みだから次の日だよ。

学生女：じゃあ、⑧____曜日？

学生男：ん、ちょっと待って。⑨_____は休みだから、もう1日かかるね。

学生女：な〜んだ。じゃあ、⑩____曜日ってこと？ 結局1週間じゃない。ちょっと遅いよね。

Ⅲ. 授業に関する連絡

● 先生に受講の依頼をする

　状況や場面をよく考えて、会話の①～⑫の＿＿＿＿に適当な言葉を入れなさい。できたら、ペアになって練習してみましょう。

　　あなたは、国際経営学部の留学生（2年生）です。本年度「異文化間コミュニケーション論」を受講したいと思いましたが、掲示を見ると、条件1に該当(がいとう)しません。

　　あなたは将来、貿易関係の仕事をしたいと思っているので、この授業を受けることは意義(いぎ)があるし、またぜひ受けたいということを、先生に伝えてください。

> 異文化間コミュニケーション論受講希望の方へ
>
> 　今年度の異文化間コミュニケーション論は、受講希望者多数のため、抽選(ちゅうせん)とします。
> 　但し、下記条件を満たしているものについては優先的(ゆうせんてき)に受講を認めますので、至急(しきゅう)申し出てください。なお、不明な点は高橋まで。
>
> ■優先受講条件
> 　1. 昨年度「異文化間理解概論」受講者
> 　2. 異文化間コミュニケーションに興味のある者
> 　3. 意欲のある者
> 　4. 出席率良好を確約できる者
>
> 　　　　　　　　　　　　　　　　以上

留学生：すみません。先生、いま①＿＿＿＿＿＿＿＿＿＿＿＿＿。

先　生：はい、いいですよ。何ですか。

留学生：私は、②＿＿＿＿＿＿＿＿＿＿＿＿＿＿＿＿＿＿＿。

　　　　③＿＿＿＿＿＿＿＿＿＿＿のことでお願いがあって④＿＿＿＿＿＿＿。

先　生：はい、あなたは、⑤＿＿＿＿＿＿＿＿を満たしていますか。

留学生：あのう、あれは、すべて⑥＿＿＿＿＿＿＿＿＿＿のでしょうか。

先　生：そうですね、なるべくなら。

留学生：⑦＿＿＿＿も、⑧＿＿＿＿もありますし、⑨＿＿＿＿も大丈夫ですが、私は、昨年度、

　　　　⑩＿＿＿＿＿＿＿＿を受講していません。

先　生：そうですか。

留学生：私は、将来、⑪＿＿＿＿＿＿＿＿＿＿＿＿＿＿＿＿＿

　　　　＿＿＿＿＿＿＿＿＿＿＿＿＿。どうか、よろしくお願いいたします。

先　生：わかりました。では、⑫＿＿＿＿＿＿＿＿＿＿＿＿＿。

留学生：どうもありがとうございます。

IV. ファックスの情報

　友達のジンさんが、「留学生ツアーのご案内」をファックスしてくれましたが、ところどころ読み取れません。そこで、ジンさんに電話をして、確認しています。下のファックスを見ながらCDを聞いて、必要な情報を次のページの手帳に書き込みなさい。

必要な情報を手帳に書き込んでください。

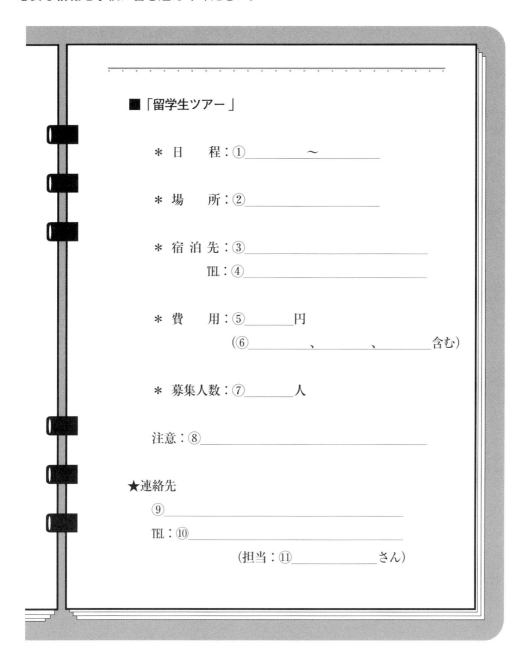

■「留学生ツアー」

* 日　　程：①＿＿＿＿＿　～　＿＿＿＿＿

* 場　　所：②＿＿＿＿＿＿＿＿＿

* 宿 泊 先：③＿＿＿＿＿＿＿＿＿＿＿＿
　　　　TEL：④＿＿＿＿＿＿＿＿＿＿＿＿

* 費　　用：⑤＿＿＿＿円
　　　　　　（⑥＿＿＿＿＿、＿＿＿＿、＿＿＿＿含む）

* 募集人数：⑦＿＿＿＿人

　　注意：⑧＿＿＿＿＿＿＿＿＿＿＿＿＿＿

★連絡先
　　⑨＿＿＿＿＿＿＿＿＿＿＿＿＿＿＿＿
　　TEL：⑩＿＿＿＿＿＿＿＿＿＿＿＿＿＿＿
　　　　　（担当：⑪＿＿＿＿＿さん）

I. 講義内容の理解

Ⓐ キーワードを知る

　遺伝子の分野では、次のページのようなことが研究されています。下の①〜⑧の会話を読んで、最も関係のあるものをア〜クから選び、（　　）に記号を書きなさい。

①A：牛肉は高いなあ。一度でいいから分厚いステーキをおなかいっぱい食べてみたいよ。
　B：そうだね。おいしい肉牛を大量生産して、もっと安くしてくれないかなあ。　　　（　　　）

②A：あら、今日もジョギング？ 熱心ね。
　B：いつまでも若く元気でいるには、毎日の努力が大切だもの。
　A：うーん、私にはそういう努力は無理だなあ。もっとラクに長生きできないかしら。　（　　　）

③A：Z社の風邪薬がいいって森さんに聞いたけど、眠くなるばっかりで、ぜんぜん効かないの。
　B：そりゃあ、人によって体質が違うんだから、効き方も違うよ。　　　　　　　　　（　　　）

④A：今年は雨が少なくて、お米が不作だって。
　B：農家も大変よね。天気に左右されない稲があれば、もっと安心して作れるのに。　（　　　）

⑤A：私、スポーツって苦手なのよね。だから、私の子供もやっぱりスポーツは苦手かな。
　B：うーん、未来の科学でなら、君からでもスポーツ万能選手が生まれる可能性もありそうだけ
　　どね。　　　　　　　　　　　　　　　　　　　　　　　　　　　　　　　　　（　　　）

⑥A：すごいね。こんなに大きい恐竜がいたなんて信じられないよ。
　B：本物を見てみたいなあ。映画にあったじゃない、恐竜が復活する話。　　　　　　（　　　）

⑦A：また、臓器移植が行われたって新聞に出ていたよ。
　B：そうだね。でも、人の臓器の提供を待つのは大変だし、移植しても拒否反応の問題もあるし、
　　ほかに方法はないのかな。　　　　　　　　　　　　　　　　　　　　　　　　（　　　）

⑧A：医療の進歩はめざましいね。
　B：遺伝子の技術を使うと、今まで少しずつしか作れなかった薬なども、どんどん作れるように
　　なるらしいよ。　　　　　　　　　　　　　　　　　　　　　　　　　　　　　（　　　）

ア　絶滅動物の復活

　　マンモスなどの絶滅した動物を、クローン技術でよみがえらせる。

イ　不老長寿

　　遺伝子レベルでの老化の仕組みが解明されて、平均寿命が大幅に伸びる。

ウ　動物工場

　　人間の遺伝子を導入したウシやヒツジの乳を利用して、医薬品などを作る。

エ　オーダーメード医療

　　一人一人の遺伝子を知ることによって、それぞれの人間の体質に合ったよく効く薬を与える。

オ　万能細胞から人工臓器

　　万能細胞に自分の遺伝子を導入して、自分のための移植用の臓器を作る。

カ　遺伝子組み換え動物

　　クローン技術によって、質のよい家畜を量産する。

キ　遺伝子組み換え作物

　　天候の影響を受けにくい、害虫に強い、収穫量が多いなどの特性をもつ遺伝子組み換え作物を作る。

ク　パーフェクト・ベイビー

　　生まれる前に遺伝子で病気を診断すると同時に、遺伝子を操作することによって、身長を伸ばしたり、スポーツの才能を増強するなどして、理想の子供を作る。

CDの講義を聞いて①〜㉑の空欄をうめ、遺伝学の歴史について、下のノートを完成させなさい。（　　　）には年、□□□□□には人名が入ります。

遺伝学の歴史について

1863年　　・① [　　　　　　] ②＿＿＿＿＿＿＿＿＿＿発見

③（　　　）年 ・④ [　　　　　　] ⑤＿＿＿＿＿＿＿＿伝える物質ＤＮＡ発見 ……（ア）

⑥（　　　）年 ・⑦ [　　　　　　] ＤＮＡの二重らせん構造明らかに ……（イ）

1960年半ば　　・⑧ [　　　　　　] 他　遺伝暗号（あんごう）⑨＿＿＿＿＿＿ ……（ウ）

2000年　　・(ヒトゲノム) ⑩＿＿＿＿＿＿終了　（⑪＿＿＿＿％） ……（エ）

　　　　　　　(ＤＮＡ)の⑫＿＿＿＿＿＿

　　　　　　　塩基（えんき）（アデニン、⑬＿＿＿＿＿＿、⑭＿＿＿＿＿＿、⑮＿＿＿＿＿＿）

2010年　　・遺伝情報による⑯＿＿＿＿＿＿が拡大 ……（オ）

2020年　　・分子を標的（ひょうてき）とした⑰＿＿＿＿＿＿可能 ……（カ）

2030年　　・個人の⑱＿＿＿＿＿、⑲＿＿＿＿＿に応じた病気の⑳＿＿＿＿＿が普及 ……（キ）

　　　　　　・㉑＿＿＿＿＿＿、90歳に

C ノートを文にかえる

例にならって、Bのノートの（ア）〜（キ）を、適当な助詞と動詞を使って文に直しなさい。

（例）　1863年にメンデルが遺伝の法則を発見した。

（ア）＿＿＿＿＿＿＿＿＿＿＿＿＿＿＿＿＿＿＿＿＿＿＿＿＿＿＿＿＿＿＿＿＿＿＿

（イ）＿＿＿＿＿＿＿＿＿＿＿＿＿＿＿＿＿＿＿＿＿＿＿＿＿＿＿＿＿＿＿＿＿＿＿

（ウ）＿＿＿＿＿＿＿＿＿＿＿＿＿＿＿＿＿＿＿＿＿＿＿＿＿＿＿＿＿＿＿＿＿＿＿

（エ）_____

（オ）_____

（カ）_____

（キ）_____。

　　また、平均寿命_____

Ⓓ 説明を聞いて理解し、図を完成する  Track-10

　DNAと染色体に関する講義を聞きながら、①～⑦の_____に適当な言葉を入れて、図を完成させなさい。

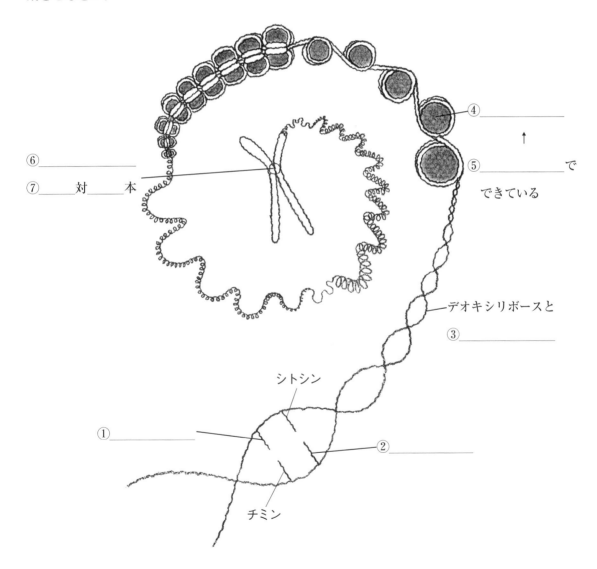

⑥_____

⑦_____対_____本

④_____

⑤_____で
できている

デオキシリボースと

③_____

シトシン

①_____

②_____

チミン

（図：柳澤桂子『ヒトゲノムとあなた』集英社より）

II. 関連資料を読む

　「遺伝子研究の現状を調べる」という課題が出たので、「遺伝子」をキーワードに新聞記事を検索してみました。下の検索結果の画面を見て、次の質問に答えなさい。

新聞記事検索結果

キーワード：　遺伝子

掲載日：　　1999.03-2001.04

検索結果：　21件

NO.	掲載年月日		面	
01	2001.04.16	朝	15	"スーパー羊" 光と影
02	2001.02.09	朝	33	遺伝子診断申請３件承認
03	2001.01.28	夕	02	不妊治療にクローン人間
04	2001.01.24	朝	32	イネゲノム解読終了
05	2001.01.10	夕	15	凍結の皮膚細胞利用、死んだ牛からクローン
06	2000.08.01	朝	01	遺伝子診断結果で拒否、重度障害の保険金支払い請求
07	2000.06.19	朝	04	がん遺伝子診断「人権最優先に」
08	2000.03.06	朝	01	遺伝子1000人分無断解析、献血から
09	2000.02.08	夕	02	大統領令に署名、遺伝子情報による差別禁止
10	2000.02.02	朝	33	万能細胞の研究容認、臓器不足の解消へ
11	1999.11.20	夕	15	遺伝子で長寿マウス
12	1999.11.17	朝	34	体質調べ・病気予防、髪一本で遺伝子診断
13	1999.10.06	夕	12	遺伝子治療をがん治療に生かす時
14	1999.09.04	朝	02	天才マウス、遺伝子操作で
15	1999.08.29	朝	36	結核治療　遺伝子工学でワクチン開発
16	1999.07.06	朝	33	不老の遺伝子発見
17	1999.06.17	夕	11	肥満防止や毛髪育成に遺伝子治療
18	1999.06.10	夕	13	遺伝子ごとにオーダーメード医療
19	1999.03.31	朝	04	目の難病防ぐ遺伝子発見
20	1999.03.28	朝	05	官民で「バイテク」遺伝子組み換え作物続々開発
21	1999.03.03	夕	15	肺がん遺伝子治療実施

A 適当な記事を選んで内容を推測する

1. 次の①〜⑤の各研究に関連する記事を前ページの検索結果から探し、記事の番号を（　　　）に書きなさい。また、見出しから推測して、記事の内容を＿＿＿＿に書きなさい。

①遺伝子組み換え作物によって食糧不足を解決する

（　　　）＿＿＿＿＿＿＿＿＿＿＿＿＿＿＿＿＿＿＿＿＿＿＿＿

（　　　）＿＿＿＿＿＿＿＿＿＿＿＿＿＿＿＿＿＿＿＿＿＿＿＿

②マンモスを復活させる

（　　　）＿＿＿＿＿＿＿＿＿＿＿＿＿＿＿＿＿＿＿＿＿＿＿＿

③万能細胞から移植用の臓器を作る

（　　　）＿＿＿＿＿＿＿＿＿＿＿＿＿＿＿＿＿＿＿＿＿＿＿＿

④子供が生まれる前に遺伝子を操作して理想の子供を作る

（　　　）＿＿＿＿＿＿＿＿＿＿＿＿＿＿＿＿＿＿＿＿＿＿＿＿

⑤遺伝子を操作することによって寿命を伸ばす

（　　　）＿＿＿＿＿＿＿＿＿＿＿＿＿＿＿＿＿＿＿＿＿＿＿＿

（　　　）＿＿＿＿＿＿＿＿＿＿＿＿＿＿＿＿＿＿＿＿＿＿＿＿

2. 検索結果の記事について、次の質問に答えなさい。

(1) 次の日付の見出しから、記事の内容を推測して書きなさい。

①2000年8月1日：

②2000年3月6日：

(2) 上の2つのようなことが同時に起こった際に危惧されることは何ですか。

新聞検索で得られた1の記事を読んで、あとの質問に答えなさい。

"スーパー羊" 光と影

ゲノム（全遺伝情報）は「生命の設計図」である。あなたの肌や目の色、体の大きさなどが、これに基づいて形作られる。設計図は親から子に受け継がれ、細胞中の染色体にDNAの暗号文字として書き込まれている。人類は20世紀末、ヒト・ゲノムの暗号文字の配列をほぼ解読した。ほかの生物についてもゲノムの解読は進む。設計図が分かれば、それを書き換えて、生物の性質を思いのままに変えられるかもしれない。

その羊の皮膚にたかったハエだけは、なぜかバタバタと死んでしまうのである。「自動殺虫機能」を持つ殺虫羊——。こんな"スーパー羊"を作るプロジェクトがオーストラリアで進んでいる。

オーストラリアには人口の6倍を超す1億2000万頭の羊がいる。その最大の天敵が寄生バエである。皮膚に産み付けられた卵から幼虫がかえり、羊の皮膚や筋肉を食べる。このため弱って死んでしまう羊もいる。殺虫羊ができれば、毎年200億円以上もの防虫対策費が浮き、羊毛や羊肉の生産コストを減らせる。どうやって作るのか。実はまだ殺

虫羊には至っていない。だが、前段階の殺虫マウスを作る実験は、連邦科学産業研究機構（CSIRO）で着々と進んでいる。

キチンという昆虫の外皮を作るたんぱく質がある。キチナーゼというんぱく質が、これを分解する。マウスの受精卵にキチナーゼを作るタバコの遺伝子を組み込んだ。この受精卵から育ったマウスの汗の中にはキチナーゼが分泌されていた。組み込んだタバコの遺伝子が働いたのだ。（中略）

ところで、"スーパー羊"は人間に害はないのか。たとえば、殺虫羊が誕生したとして、人間がその肉を食べても安全なのだろうか。

生物に外部から遺伝子を組み込む遺伝子組み換え技術は、70年代初頭に生まれた。今では、インターフェロンなどの薬品は、ヒトの遺伝子を組み込んだ大腸菌を使って生産されている。害虫に抵抗力を持った大豆やトウモロコシも普及している。

米国では、この技術を応用して「食べるワクチン」が開発された。病原体から免疫細胞の標的になるんぱく質（抗原）の遺伝子を取り出し、ジャガイモの遺伝子に組み込む。（中略）

ロマリンダ大のウィリアム・ラングリッジ教授は「ワクチンと違って低温で保存する必要はないし、注射器もいらない。バナナや米などに組み込めば、発展途上国でも大量生産できる。5年以内に実用化したい」と話す。

しかし、遺伝子組み換えが思わぬ結果を招くこともある。

「昆虫と違って人間はキチンを持っていないし、キチンは胃で分解される。将来は人間に都合のいい性質をいくつも兼ね備えた羊ができる」と、研究の総括責任者、ケビン・ウォード博士は言う。

生物に外部から遺伝子を組み込む遺伝子組み換え技術は……

〔ここは既に上段で記載〕

オーストラリアの害虫駆除研究センターなどの研究チームが昨年、不妊マウスを作るため、遺伝子を組み換えたウイルスを40匹の雌マウスに注射した。40匹すべてが10日以内に死んでしまった。使ったウイルスはマウスに天然痘のような症状を引き起こすものだが、40匹はこのウイルスに天然痘があり、死ぬはずはないと考えられていた。

しかし、組み換えウイルスには、受精を邪魔するたんぱく質の働きを強めるため、別の生理活性物質の遺伝子も組み込まれていた。この物質がマウスの免疫を乱し、ウイルスの病原性を強めたらしい。

「予想外のできごとだったので、研究は中止した。ヒトの天然痘ウイルスに同じような操作をすれば、種痘を無効化する殺人ウイルスができる恐れもある」と、研究チームのロナルド・ジャクソン博士は説明する。

予期せぬモンスターを作る恐れと、有用な生物を生み出す期待。遺伝子操作による生物改造は、二つの可能性の間を進んでいる。

（毎日新聞・2001年4月16日）

1. 記事の内容を下のように整理しました。①〜⑩の＿＿＿＿に記事の中から適当な言葉や文を選んで入れなさい。

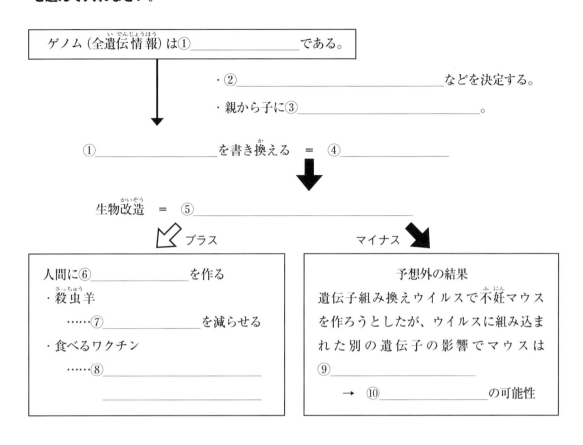

ゲノム（全遺伝情報）は①＿＿＿＿＿＿＿＿＿＿＿である。

・②＿＿＿＿＿＿＿＿＿＿＿＿＿＿＿などを決定する。

・親から子に③＿＿＿＿＿＿＿＿＿＿＿＿＿。

①＿＿＿＿＿＿＿＿＿を書き換える ＝ ④＿＿＿＿＿＿＿＿＿

生物改造 ＝ ⑤＿＿＿＿＿＿＿＿＿＿＿＿＿＿

プラス   マイナス

人間に⑥＿＿＿＿＿＿＿を作る
・殺虫羊
　……⑦＿＿＿＿＿＿＿＿＿を減らせる
・食べるワクチン
　……⑧＿＿＿＿＿＿＿＿＿＿
　＿＿＿＿＿＿＿＿＿＿＿＿

予想外の結果
遺伝子組み換えウイルスで不妊マウスを作ろうとしたが、ウイルスに組み込まれた別の遺伝子の影響でマウスは
⑨＿＿＿＿＿＿＿＿＿＿
　→ ⑩＿＿＿＿＿＿＿＿の可能性

2. 見出しの「"スーパー羊" 光と影」とはどういうことですか。自分の言葉で説明しなさい。

＿＿

＿＿

＿＿

＿＿

3. 動物の性質を思いのままに変えられるとしたら、あなたの国ではどんな動物をどんな性質に変えることが考えられますか。その結果起こるであろうプラス面とマイナス面について、ペアになって話し合いましょう。

III. 自分の考えをまとめる

遺伝子研究のメリットとデメリットを考える

遺伝子の研究が進むことによっていろいろなことが可能になりつつあります。それにはどんなよい点があるか考えて、下の表に書きなさい。また、起こりうる問題があれば、表の右の欄に書きなさい。

	よい点	問題点
絶滅動物を復活させる	①	②
寿命を大きく伸ばす	③	④
人間の遺伝子を導入した動物の乳から、薬を作る	⑤	⑥
遺伝子を調べて、その人にあった薬を与える	⑦	⑧
自分の遺伝子を導入した移植用の臓器を作る	⑨	⑩
クローン技術で家畜を量産する	⑪	⑫
収穫量の多い遺伝子組み換え作物を栽培する	⑬	⑭
遺伝子を操作して理想の子供を作る	⑮	⑯
遺伝子診断で将来かかる可能性のある病気を知る	⑰	⑱

I. 講義内容の理解

 A　グラフを読み取る　　Track-11

下のグラフを見ながら遺伝子の影響に関する講義を聞いて、あとの問題に答えなさい。

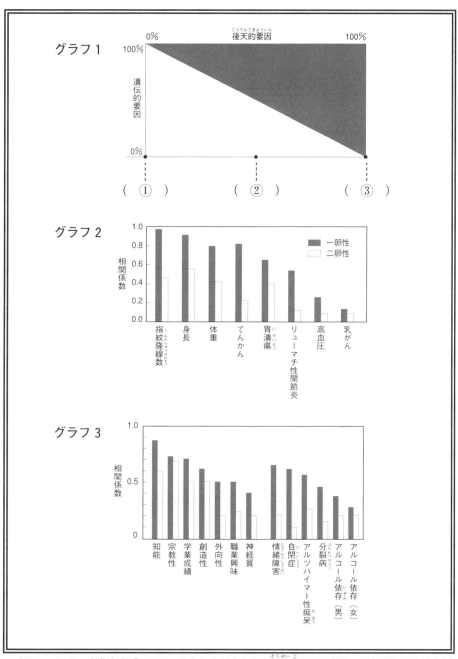

（グラフ2・3：安藤寿康『心はどのように遺伝するか──双生児が語る新しい遺伝観』講談社より）

1. グラフ1の①〜③にあてはまる適当な言葉を書きなさい。

① _____ ② _____ ③ _____

2. CDの講義とグラフ1〜3から判断して、あてはまるものに○、あてはまらないものに×をつけなさい。

① （　　　）大柄_{おおがら}な両親を持っている子供は、体が大きいことが多い。
① （　　　）大柄な両親を持っている子供は、体が大きいことが多い。

② （　　　）胃潰瘍_{いかいよう}になるのは、食生活が原因である。

③ （　　　）親が高血圧_{こうけつあつ}だと子供も高血圧になるから予防できない。

④ （　　　）「創造性_{そうぞうせい}を伸ばす教育」は効果がない。

⑤ （　　　）スポーツ選手の子供は、運動に関連した仕事につく可能性が高い。

3. グラフ3のアルコール依存_{いぞん}についてのデータから、どんなことがわかりますか。

①女性

_____

_____

②男性

_____

_____

4. 高血圧が原因の病気で親を亡くしたＡさんは、医師の勧_{すす}めで遺伝子診断_{しんだん}を受けました。「赤信号」という結果が出たＡさんはショックを受けましたが、6か月後には「遺伝子診断を受けて本当によかった」と言っています。どうしてだと思いますか。講義やグラフを参考にし、下のキーワードを使って答えなさい。

| 遺伝 | 環境 | 影響 | 生活習慣 | 改善 | 予防 |

_____

_____

_____

_____

　講義では、遺伝子診断と生命倫理(りんり)について話しています。下の質問を読んでからCDを聞いて、質問に答えなさい。

①子供が生まれる前に行う「遺伝子診断」を何と言いますか。

②カリフォルニア州が節約できたとする金額は、円に直すといくらですか。

③その金額は何から計算しましたか。

④子供が生まれる前に行う「遺伝子診断」が行き着くところは何ですか。

⑤それはどのような思想ですか。

⑥それは誰が始めましたか。

⑦その思想に基(もと)づいて、世界のさまざまな国でどんなことが行われましたか。

⑧日本では男、女それぞれ何人が、この手術を受けさせられましたか。
　　(※1941〜45年に国民優生法にもとづき手術を受けた人の数)

　　　・男 ……（　　　　　）人

　　　・女 ……（　　　　　）人

Ⅱ．関連資料を読む

Ⓐ キーワードについて知る

「生命倫理」をキーワードにインターネットで検索した資料を読み、「普遍的な生命倫理の原則」を次のようにまとめました。

普遍的な生命倫理の原則

1．自主性の尊重：

一人一人が自分自身の価値観を持った上で自己決定と選択をし、他の人はそれを尊重する。プライバシーの保護などはこの概念から派生したものである。

2．善行：

個人の健康の向上に努め、幸福を守ることを最優先する。又、害を与えず、有害になるようなものは最小限にする。なすべきことをしないのも、害を与えることになる。

3．正義：

社会のどのような人々に対しても等しく公平に機会を与える。

(参考：http://genetopia.md.shinshu-u.ac.jp/guide.htm
http://www.biol.tsukuba.ac.jp/~macer/TMJ.html)

次の①～⑧の文は、上の生命倫理の原則1～3のどれに関連していますか。（　　）に番号を書きなさい。

①献血した血液を無断で遺伝子診断して、研究に利用する。　　　　　　　　　（　　　）

②遺伝子診断の結果によって、保険の加入を拒否する。　　　　　　（　　　）（　　　）

③本人の承諾を得ないで、遺伝子診断の結果を第三者に伝える。　　　　　　　（　　　）

④遺伝子情報の結果によって、解雇されたり就職できなかったりする。　　（　　　）（　　　）

⑤遺伝子診断の目的や予想される結果などについての情報を知らせる。　　（　　　）（　　　）

⑥遺伝子診断や治療に際しては、適切で十分なカウンセリングを行う。　　　　（　　　）

⑦遺伝子診断の結果、予防法や治療法がある場合には、早急に実行する。　　　（　　　）

⑧遺伝子診断や治療を必要としている人には、費用の支払い能力にかかわらず行う。　（　　　）

　先生がレポートのテーマと資料について説明しています。下の写真を見ながらCDを聞いて、(a)～(c) の＿＿＿＿＿にレポートのテーマを入れなさい。また、各レポートを書くために読むとよいと思われる本をア～テから選んで、①～⑧の（　　）に記号を入れなさい。

◆全員が読む本　　　　　　　　　　　　……①（　　　　）

　　　　　　　　　　　　　　　　　　　②（　　　　）または（　　　　）

◆テーマ

・遺伝子診断の方法と利用分野　　　　　……③（　　　）（　　　）

・(a) ＿＿＿＿＿＿＿＿＿＿＿＿＿＿＿＿　　　……④（　　　）（　　　）

・(b) ＿＿＿＿＿＿＿＿＿＿＿＿＿＿＿＿　　　……⑤（　　　）

・性格は遺伝するか　　　　　　　　　　……⑥（　　　）

・(c) ＿＿＿＿＿＿＿＿＿＿＿＿＿＿＿＿　　　……⑦（　　　）

・生命再生技術の現在　　　　　　　　　……⑧（　　　）（　　　）（　　　）

次の文はBの資料の一冊『ヒトゲノムとあなた』の中の「遺伝子診断」について書かれた部分です。文章を読んで、あとの問いに答えなさい。

（1）人類の遺伝子を操作できるようになると、優生論は形を変えて出てくることでしょう。出生前診断により、障害児とわかったら、人工流産させずに障害のある子供を産みたくなくても、産めないというような政治家もいます。障害者が減れば、いくらいくらの費用が節約でき、そのお金を他に使うことができると、はばかりもなくいう政治家もいます。

（2）人類は他の動物とは混じり合うことのできない大きな遺伝子プールをもっています。その遺伝子プールを健全に保つには、いろいろな遺伝子をもった多様性のある遺伝子プールにしておかなくてはなりません。遺伝子プールの中の遺伝子には、一定の頻度で、突然変異が起こります。たとえば、血友病の人の頻度はいつも一〇万人に一人とほぼ一定です。これは血友病で亡くなったり、生殖年齢まで生きられなかった人の頻度とおなじくらいの頻度で新たな突然変異が起こっていることを示しています。筋ジストロフィーは遺伝子が大きいために、傷つく頻度が高いので、突然変異率も高いのです。ダウン症は、母親が三五歳を過ぎると、それより若い母親の一〇倍も多く生まれます。そして、私たちは誰でも、六、七個の病因遺伝子を劣性の形でもっています。ですから新たな障害児は絶えることはありません。

（3）私たちは豊かな遺伝子プールの中から、四六本の染色体をあたえられて、この世に生まれてきます。その染色体を自分で選ぶことはできません。誰が病気の染色体を選ばされてしまうか、また、発育の途上で、染色体に突然変異が起こるかどうかは、まったくチャンスの問題です。私にくばられたかもしれない障害遺伝子を、私に代わって受け取ってくれた人たちが障害者なのです。人類では、重い障害児の生まれる確率は、三〜五パーセントです。もっと生命科学が進んで、障害を治せるようになるとよいと思いますが、それにはかなり時間がかかるでしょう。

（4）障害をもって生まれた人は、あるいは「私」にあたえられたかもしれない病気の遺伝子を、「私」の代わりに受け取ってくれた人です。なぜ「私」にその遺伝子があたえられないで、あの方が受け取ってくださったのでしょう。それは誰も選ぶことのできない偶然の結果なのです。遺伝子というのはそういうものなのです。

（5）これは、生命科学を極めていった結果、導かれた私の結論です。生命科学は、人間とは何かということを教えてくれます。人間の真実の姿を知ったとき、科学は正しい答えを出してくれると私は信じています。ヒトゲノムを読むことがもたらしてくれた答えは、福祉を充実しなさいということだと私は思います。

（柳澤桂子『ヒトゲノムとあなた —遺伝子を読み解く—』集英社）

1. それぞれの段落を要約しなさい。

第1段落	
第2段落	
第3段落	
第4段落	
第5段落	

2. 筆者の主張を100字程度でまとめなさい。

_____

_____

_____

_____

_____

III. 自分の意見をまとめる

出生前診断の是非について、生命倫理の観点から述べなさい。

I. 大学祭の見学

● プログラムと会場図を見て予定を立てる　 **Track-14**

1. 2人の学生が、大学祭のプログラムと会場図を見ながら話しています。CDを聞いて、プログラムと会場図の①〜⑩に、下の[ ]から適当な言葉を選んで書き入れなさい。

```
ギター       ライブ      ゼミ研究     クイズ大会      写真
演劇         茶道        華道        シンポジウム     手話
```

大学祭プログラム

特設ステージ・広場

	11月1日	11月2日	11月3日
12:00			
13:00		①	
14:00			
15:00			
16:00			
17:00		民謡(みんよう)サークル	
18:00	前夜祭	アマチュアバンド演奏会	②
19:00			
20:00			
21:00			後夜祭（花火）
22:00			

講堂

	11月1日	11月2日	11月3日
10:00			
11:00			留学生・日本語スピーチコンテスト
12:00		映　画	
13:00			
14:00		人　形　劇	元(もと)英国首相講演
15:00			
16:00		③	④
17:00			
18:00			
19:00			

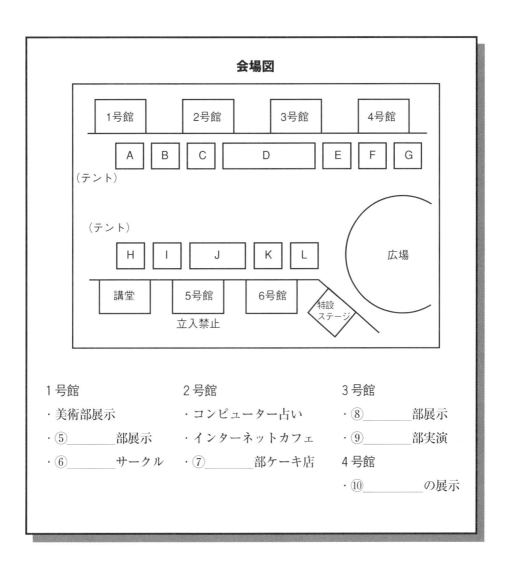

会場図

1号館
・美術部展示
・⑤_____部展示
・⑥_____サークル

2号館
・コンピューター占い
・インターネットカフェ
・⑦_____部ケーキ店

3号館
・⑧_____部展示
・⑨_____部実演

4号館
・⑩_____の展示

2. 2人の今日の予定はどのように決まりましたか。もう一度CDを聞いて、2人が行く場所を
　下の_____に書きなさい。

　　　　　［午前］　　　　　①_____

　　　　　［お昼］　　　　　②_____

　　　　　［午後］　　　　　③_____

　　　　　　　　　　　　　_____テントD_____

　　　13:00～15:00　　　　④_____

　　　　　　　　　　　　　⑤_____

　　　16:00～18:00　　　　_____講堂_____

II. サークルでの大学祭参加

1. サークルの代表として、大学祭参加についての説明会に行きました。CDを聞いて、①～⑧の＿＿＿＿に適当な言葉を入れ、大学祭参加の流れをまとめなさい。

・企画①＿＿＿＿＿＿＿と②＿＿＿＿＿＿＿を決める（各団体で）

↓

・企画③＿＿＿＿＿＿＿をする（9月10日まで）

↓

・④＿＿＿＿＿＿＿の会議に参加する（9月13日・101教室）

↓

・借りたい品物の⑤＿＿＿＿＿＿＿申込書を提出する（9月20日まで）

・調理をする団体：プロパンガスの⑥＿＿＿＿＿＿＿申込書、⑦＿＿＿＿＿＿＿への届けを
　　　　　　　　提出する（9月20日まで）

↓

・参加団体の⑧＿＿＿＿＿＿＿に参加する（3回）

↓

・大学祭当日

↓

・最終総会に参加する（大学祭の2週間後ぐらい）

2. 説明の内容に合っているものには○を、違うものには×を書きなさい。

① （　　　　）大学祭に参加しようとする団体は、申し込みのときに13,000円払わなければならない。

② （　　　　）2つの団体が同じ場所を希望した場合、申し込みの早い団体を優先する。

③ （　　　　）必要な品物はすべて参加団体が直接買わなければならない。

④ （　　　　）参加団体の総会は全部で4回ある。

⑤ （　　　　）今回参加した団体は次の大学祭も優先的に参加できる。

　映画研究会では大学祭で上映する映画について話し合っています。4人の会話を読んで、あとの問題に答えなさい。

山田：人を集めるなら、やっぱりエンターテイメント性の強いアメリカ映画だよ。「タイタニック」
　　　とか「アルマゲドン」とかならきっと超満員だよ。

鈴木：人気アイドルが出てれば日本映画だってみんな見に来るよ。

田中：でも、そういう映画なら、自分で映画館に行ったりビデオを借りたりして見るでしょ。ふだん
　　　あまり見る機会がないけど、見てよかったって思えるような映画のほうがいいんじゃない。例
　　　えばアジアの国のものとか。

佐藤：それなら日本映画の中にだって、世界では認められているのに日本の若者はあまり見てないっ
　　　ていうのもあるわよ。黒澤明の「羅生門」なんてどう？ 何しろ「世界の黒澤」だもの。ゼミ
　　　の留学生の中には、翻訳で芥川の小説読んだことあるっていう人もいるのよ。

鈴木：留学生にはちょっと難しいんじゃないか？ 言葉も内容も。第一、映画は小説の「羅生門」と
　　　は別の内容だよ。

山田：それに白黒だしな。大学祭で上映するにはちょっと地味なんじゃないか。

佐藤：それなら、アジアの映画にしましょうよ。字幕付きなら問題ないし、最近話題になったものな
　　　らみんな興味を持つと思うから。

山田：じゃあ、田中さんにいくつか候補を挙げてもらって、また検討することにしよう。

　①入場者の数を重視しているのは誰と誰ですか。　　　　　（　　　　　）と（　　　　　）

　②ふだん見る機会が少ない映画を上映したいと言っているのは誰と誰ですか。
　　　　　　　　　　　　　　　　　　　　　　　　　（　　　　　）と（　　　　　）

　③「羅生門」賛成派の理由を2つ書きなさい。
　　　・
　　　・

　④「羅生門」反対派の理由を3つ書きなさい。
　　　・
　　　・
　　　・

　⑤話し合いの結果、上映する可能性が一番高いのはどんな映画ですか。

映画研究会では、11月2日の11:00～13:00に、講堂で「ＪＳＡ」という韓国映画（韓国と北朝鮮の軍事境界線ＪＳＡを越えた南北兵士の友情を描いた物語）を上映しようということになりました。必要なものは次の通りです。

・暗幕（講堂備え付け）　　　・映写機　　　　　　　　・映画フィルム
・イス（講堂備え付け）　　　・スクリーン（講堂備え付け）

Ａで聞いた説明を参考にしながら、大学祭当日までにしなければならないことを考えて、下の①～④に答えなさい。

①実行委員会に提出しなければならないものをあげなさい。

②参加しなければならない会議をあげなさい。

③自分たちで手配しなければならないものは何ですか。

④そのほかにしなければならないことを考えて書きなさい。

1. Ｃの③を業者に電話で手配するとき、どのように言えばよいか考えて書きなさい。

_____

_____

_____

_____

2. ロールプレイ──ペアで、学生と業者の人になって練習しなさい。学生になった人は必ず次の3つのことを入れて話しましょう。

　　・借りるものとその数　　　・借りる期間　　　・値段の確認

E パンフレットを作る

　映画研究会ではパンフレットを作ることにしました。次の条件を満たすパンフレットを考えなさい。

　・映画の題名を中央に大きく入れる

　・題名の下に上映の日時と場所を入れる

　・内容が想像できるようなキャッチフレーズを入れる

　・団体名（映画研究会）を入れる

映画研究会では、来年の参考にするために、入場時にアンケート用紙を渡し、帰りにボックスに入れてもらうことにしました。次の条件を満たすアンケート用紙を作りなさい。

・アンケートへの協力をお願いする言葉を入れる

・感想を「とてもよかった／よかった／よくなかった」の3つから選ぶ形で答えてもらい、その理由を書いてもらう

・次の大学祭で上映してもらいたい映画を聞く

・お礼の言葉を入れる

映画についてのアンケート

G コンパの会場を選ぶ

　ロールプレイ──映画研究会では大学祭終了後、打ち上げコンパをすることになりました。ペアの人と2人で、幹事(かんじ)になったつもりで話し合って、下の広告の中から適当な店を選びなさい。研究会のメンバーは15人とします。

大衆居酒屋(いざかや)　さくら	イタリアンレストラン　ジェラート
お料理（一皿200円）　　お飲み物 焼き鳥　　　　　　　　ビール お刺身　　　　　　　　焼酎(しょうちゅう) 天ぷら　他　　　　　　日本酒 ＊大皿注文も 　承(うけたまわ)ります 	＜コースメニュー＞ 　Aコース　¥3,800 　Bコース　¥2,500 ★ワイン 　　飲み放題★ 
焼肉　牛丸	ちゃんこ鍋　横綱
バイキング　食べ放題(ほうだい)　飲み放題 　お一人様　2,500円 　時間制限　2時間 	鍋（4〜5人分）8,000円 ＊飲み物　別料金 ＊小部屋（4テーブル）貸切(かしきり)OK ＊カラオケ有 

打ち上げコンパで代表としてあいさつをします。次のことを入れたあいさつを考えましょう。

・メンバーへのねぎらいの言葉

・簡単な収支報告と収益の使いみち

・来年も参加しようという呼びかけ

・今日のパーティーを楽しんでほしいという気持ち

第 **8** 課　演習（1）〜ライフサイクルの経済学〜

I. 課題図書を読む

「経済学演習」で以下のような課題が出ました。

> 1．課題図書の中のからどれか1章を選び、興味深いトピックをまとめて発表しなさい。
>
> 2．要約の評価点を50点とし、それを実例に則していかに工夫して発表するかの評価点を50点として、100点満点で評価する。
>
> ■課題図書：橘木俊詔（たちばなきとしあき）『ライフサイクルの経済学』ちくま新書135

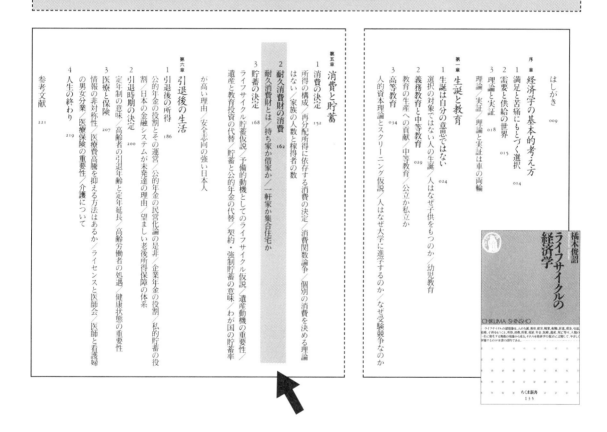

はしがき　009

序章　経済学の基本的な考え方
1　満足と苦痛にもとづく選択
2　需要と供給の世界　015
3　理論と実証　018
　理論と実証は車の両輪

第一章　生誕と教育
1　生誕は自分の意思ではない
　選択の対象ではない人の生誕／人はなぜ子供をもつのか／幼児教育
2　義務教育と中等教育　029
　教育の生産への貢献／中等教育／公立か私立か
3　高等教育　034
　人的資本理論とスクリーニング仮説／人はなぜ大学に進学するのか／なぜ受験競争なのか

第五章　消費と貯蓄
1　消費の決定　152
　所得の構成／再分配所得に依存する消費の決定／消費関数論争／個別の消費を決める理論
2　耐久消費財の消費　162
　耐久消費財とは／持ち家か借家か／一軒家か集合住宅か
3　貯蓄の決定　168
　ライフサイクル貯蓄仮説／予備的動機としてのライフサイクル仮説／遺産動機の重要性／貯蓄と公的年金の代替／契約・強制貯蓄の意味／わが国の貯蓄率が高い理由／安全志向の強い日本人

第六章　引退後の生活
1　引退後の所得　186
　公的年金の役割とその運営／公的年金の民営化論の是非／企業年金の役割／私的貯蓄の役割／日本の金融システムが未発達の理由／望ましい老後所得保障の体系
2　引退時期の決定
　定年制の意味／高齢者の引退年齢と定年延長／高齢労働者の処遇
3　医療と保険　207
　医療の非対称性・医療費高騰を抑える方法はあるか／ライセンスと医師会／医師と看護婦の男女分業／医療保険の重要性／介護について
4　人生の終わり　219

参考文献　221

　目次を見て、ゼミに出ているみんなで話し合ったところ、発表の分担が「第五章　消費と貯蓄」に決まりました。

　では、その中のおもしろそうなトピック、「2　耐久消費財の消費」のところを実際に読んでみましょう。

1．次の文章を読み、右ページの①～⑯の＿＿＿＿＿に適当な言葉を書いて内容をまとめなさい。

2　耐久消費財の消費

†耐久消費財とは

　経済学で消費の問題を扱うときは、耐久消費財と非耐久消費財に区分するのが慣例である。前節で述べた消費の話題は、非耐久消費財を念頭においていた。耐久消費財とは、財の耐用年数が長く、しかも時間の経過によってその価値が減少する財をいう。

―（中略）―

†持ち家か借家か

　耐久消費財の典型である住宅を例にすると、購入以外にも借入れによるサービス購入という手段がある。自動車の場合にもレンタカーを想定すれば、購入か借入れかの選択があることがわかる。経済学とは選択の問題を扱うことである、と本書の冒頭で述べたが、耐久消費財における購入か借入れかの選択はその典型となる。

　わが国では住宅の持ち家志向（すなわち購入）が強く、賃貸住宅の未発達が著しいといわれるのはなぜだろうか。

　第一に、住宅売買の取引費用がけっこう高いので、売買がそう容易ではない。したがって、人生に一度だけの購入ということになりうる。第二に、次節で述べるように、遺産を残すためには土地や住宅が最も好都合なので、持ち家志向が強い。第三に、持ち家による帰属家賃への課税がないので、税制上も持ち家が有利である。借家であれば地代や家賃支払いは課税の対象になっているが、持ち家の場合、住宅保有によって家賃には課税されていないのが現状である。すなわち、税制上の持ち家優遇である。住宅を遺産として残すときにも税制上有利である。

　第四に、土地神話が強いので、土地の値上がり益（キャピタル・ゲインと呼ぶ）を期待する傾向が強く、持ち家志向が高まる。第五に、借家人を保護する傾向の強い借地借家法の存在によって、土地や住宅の保有者が他人にそれを貸す誘因がさほどなかった。第六に、わが国の労働人口を職種で見ると、かつては農家や商家などの自営業が中心だったので、それらの人が持ち家中心というのは容易に理解できよう。転勤を迫られる雇用者においても、社宅や公務員住宅が整備されていたので、民間賃貸住宅への希望はさほど強くなかった。

　このようにしてわが国の住宅は持ち家志向が強く、したがって住宅に占める持ち家の比率が高く、賃貸の住宅市場は未発達である。選択の対象を拡げるため、そして高い住宅費を低くするためにも、借家市場の発達が期待される。その兆しは現れている。たとえば、借地借家法の改正がみられたし、バブルの崩壊によって土地神話がやや消滅している。労働者に占める雇用者の比率は戦後一貫して上昇中なので、借家の需要は高まっている。核家族化の進展も、同じく賃貸住宅への需要を高めると考えられる。借家市場の発展に期待はもてるが、税制上の対策が望まれるし、住宅における規制緩和が必要であることもいうまでもない。

（注）帰属家賃：持ち家について、家の持ち主が自分に家を貸していると仮定した場合の家賃。経済統計などに使用される。

†持ち家か借家か

※耐久消費財の典型である住宅や車を例にすると……

サービス購入 → ① _____ or _____
＼選択／

→　この選択は経済学で扱う選択の問題の典型

◆日本では② _____（＝購入）が強く、③ _____ が著しい。

＜理由＞

1．④ _____ ので、売買がそう容易ではない。したがって、人生に一度だけの購入ということになりうる。

2．⑤ _____ ためには土地や住宅が最も好都合なので、持ち家志向が強い。

3．⑥ _____ ので、税制上も持ち家が有利である。

　　→　借家であれば地代や家賃支払いは課税の対象になっているが、持ち家の場合、住宅保有によって⑦ _____ のが現状。

　　＝　税制上の持ち家優遇 ＋⑧ _____ ときにも税制上有利

4．⑨ _____ ので、土地の値上がり益（⑩ _____ と呼ぶ）を期待する傾向が強く、持ち家志向が高まる。

5．借家人を保護する傾向の強い⑪ _____ によって、土地や住宅の保有者が他人にそれを貸す誘因がさほどなかった。

6．わが国の労働人口を職種で見ると、⑫ _____ だったので、それらの人が持ち家中心だった。

　　転勤を迫られる雇用者においても、⑬ _____ ので、民間賃貸住宅への希望はさほど強くなかった。

↓

⑭ _____ ＋ 賃貸の住宅市場が未発達

選択の対象を拡げ高い住宅費を低くするために、⑮ _____ が期待される

　　→　その兆し ＝ 借家、賃貸住宅への需要の高まり

　　　・借地借家法の改正、バブルの崩壊により土地神話がやや消滅

　　　・労働者に占める雇用者の比率は戦後一貫して上昇中

　　　・核家族化の進展

借家市場の発展に期待はもてるが、⑯ _____ が必要

2. 次の文章を読んで、右ページの①〜⑩の_____に適当な言葉を入れなさい。

(p. 56よりつづく)

† 一軒家か集合住宅か

　持ち家か賃貸かの選択に加えて、住宅には一軒家か集合住宅かの選択がある。これも耐久消費財における品質の問題と関連がある。わが国の持ち家志向は、実は一軒家志向と密接に結びついている。「郊外の庭付き一軒家」が日本人の夢であるといわれ、そのことを如実に物語っている。一生の買い物といわれる住宅に関する夢を達成するために、庭付き一軒家をわが国の住宅市場で数多く準備できないことは、現実をみれば明らかである。狭い国土と山岳地の多さ、都市部への人口集中がそれを阻止する理由である。価格の高さによるあきらめも手伝って、一軒家志向はやや弱まっているといえるし、マンションといわれる集合住宅の需要が都市部を中心に高まっているのも事実である。

　しかし、都市部への人口集中をやめることによって、すなわち人口の分散化によって、一軒家志向の夢を満たすことも可能である。典型的にはドイツの例で明らかなように、諸活動をいくつか地方の拠点に移すことができれば、人口の分散は可能なのである。日本に関していえば、政治、経済、情報、文化、その他すべての活動を東京に集積せずに、各地に分散化すれば、当然のように人口の集中が避けられるからである。東京における住宅、交通、物価などの混雑の弊害を除くためにも分散化はメリットがある。しかし、現時点では集積のメリットが大きいだけに、東京から地方に諸活動がなかなか移らないともいえる。

　首都に人口集中が進んでいるイギリスのロンドンとフランスのパリも東京と似ている。ただし、東京圏では一軒家に住む人の比率は高く、したがって通勤時間は二時間という人も多い。ロンドンとパリに住む人の主たる住宅は集合住宅である。ロンドンとパリに住む人が、集合住宅に確たる不満をもっているともいえないので、東京圏の人たちが、今後集合住宅に満足してますます需要を高めることもありうる。いずれにせよ、住宅における一軒家か集合住宅かという問題は、個人の住宅の質への選好に加えて、わが国の諸活動の拠点をどこにもっていくかという選択にかかっている。国民全体の選択によって決まることでもある。

（橘木俊詔『ライフサイクルの経済学』ちくま新書）

✝一軒家か集合住宅か

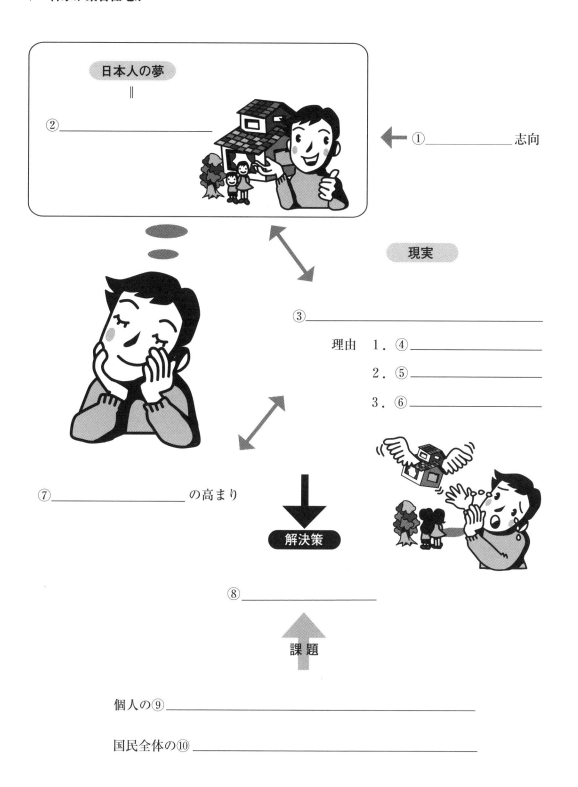

日本人の夢
＝
② _____

① _____ 志向

現実

③ _____

理由　1. ④ _____
　　　2. ⑤ _____
　　　3. ⑥ _____

⑦ _____ の高まり

解決策

⑧ _____

課　題

個人の⑨ _____

国民全体の⑩ _____

II. インタビュー調査

● インタビューを聞き取る Track-16

　要約は実例に則して工夫した発表をしなければならないため、「住宅に対する意識」について
インタビューをしてみました。CDを聞いて、下の表にポイントをまとめなさい。

> Q. 「あなたは、将来自分の"家"を持ちたいと思いますか。それは「一軒家」ですか。マンションの
> ような「集合住宅」ですか。その理由は何か、お答えください。」

No.	性別	年齢	職業	家を持ちたいか	Y→ 一軒家 / 集合住宅	理　由
1				Y ／ N	一軒家 ／ 集合住宅	
2				Y ／ N	一軒家 ／ 集合住宅	
3				Y ／ N	一軒家 ／ 集合住宅	
4				Y ／ N	一軒家 ／ 集合住宅	
5				Y ／ N	一軒家 ／ 集合住宅	
6				Y ／ N	一軒家 ／ 集合住宅	
7				Y ／ N	一軒家 ／ 集合住宅	
8				Y ／ N	一軒家 ／ 集合住宅	
9				Y ／ N	一軒家 ／ 集合住宅	
10				Y ／ N	一軒家 ／ 集合住宅	

＜まとめ＞「住宅に対する意識」　（※母数が少ないため、あくまでも参考意見とする）

■自分の"家"を持ちたい：①_____人／10人中

　そのうち：一軒家……②_____人、集合住宅……③_____人

■理由：④一軒家：_____

　　　　_____

　　　⑤集合住宅：_____

　　　　_____

　　　⑥特に持ちたくない：_____

　　　　_____

III. 発表の準備

● 発表レジュメを作成する

　本文の要約とインタビューの結果から、以下のようなレジュメを作りました。①〜㊷の空欄をうめて、レジュメを完成させなさい。

経済学演習　　　　　　　　　　　　　　　　　　　　　　　　　　　　レジュメ
　　　　　　　　　　　　　　　　　　　　　　　　　　　　　　　　年　　月　　日
　　　　　　　　　　　　　　　　　　　　　　　　　　　発表者：□□□□□

I.「２耐久消費財の消費」(「第５章　消費と貯蓄」) 要約
　　　　　　　　　　　(橘木俊詔『ライフサイクルの経済学』ちくま新書135)

†耐久消費財とは

　耐久消費財：耐用年数が長く、時間の経過によってその価値が減少する財
　　　　　　　(※典型的な例：住宅、自動車、電気冷蔵庫など)
　耐久消費財の保有によるサービス提供額 ＝ 経済学における耐久消費財の消費額

†持ち家か借家か

◆日本では

①□□□□□□□□□□□　が強く、

②□□□□□□□□□□□　が著しい。

(万戸)　住宅の数
総務庁統計局調べ。すんでいる人がいる家の数。持ち家は、すんでいる人が買った家で、一戸建てやマンションがある。(『日本のすがた2001』国勢社)

↓

<理由>

1．③＿＿＿＿＿＿＿＿＿＿＿＿＿＿＿＿ため売買が容易ではない▶一生に一度の購入

2．④＿＿＿＿＿＿＿＿＿には土地や住宅が最も好都合 (税制上有利)

3．持ち家による帰属家賃への課税がないため⑤＿＿＿＿＿＿＿＿＿

4．土地神話が強く⑥＿＿＿＿＿＿＿＿＿＿ (＿＿＿＿＿＿＿＿＿) を期待する傾向が強い

5．借家人を保護する傾向の強い⑦＿＿＿＿＿＿＿＿＿の存在

6．日本はかつて農家や商家などの⑧＿＿＿＿＿が中心▶それらの人は⑨＿＿＿＿＿中心

7．⑩＿＿＿＿＿＿＿＿が整備されていた▶⑪＿＿＿＿＿＿＿＿の希望が強くなかった

⑫_____が高い　＋　_____が未発達

＜課題＞

選択の対象を拡げ高い住宅費を低くするために、⑬_____を期待

◎状況の変化：⑭_____への需要の高まり

　・⑮_____の改正、⑯_____により土地神話がやや消滅

　・⑰_____は戦後一貫して上昇中

　・⑱_____の進展

　※⑲_____の発展に期待はもてる

　　税制上の対策や住宅における⑳_____も必要

✝一軒家か集合住宅か

㉑「_____」　＝　_____

◎日本の住宅市場では数多く準備できない

＜理由＞

　・㉒_____、_____が多い

　・㉓_____への人口集中

　㉔_____　………　やや弱まっている

　㉕_____　……　都市部を中心に高まっている

＜課題＞

・㉖_____によって、㉗_____の夢を満たすことも可能

　→㉘_____の選択

・今後㉙_____してますます需要を高める可能性

　→㉚_____への選好

II. インタビュー：「住宅に対する意識」

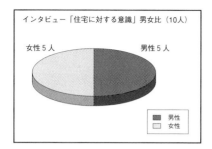

インタビュー「住宅に対する意識」男女比（10人）

女性5人　　男性5人

男性
女性

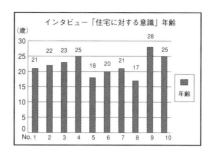

インタビュー「住宅に対する意識」年齢

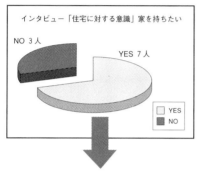

インタビュー「住宅に対する意識」家を持ちたい

NO 3人　　YES 7人

YES
NO

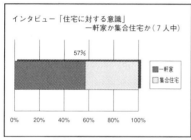

インタビュー「住宅に対する意識」
　　　　一軒家か集合住宅か（7人中）

57%

一軒家
集合住宅

0%　20%　40%　60%　80%　100%

<理由>

■特に家を持ちたくない：

・㉛＿＿＿＿＿＿＿＿＿＿＿＿＿＿＿＿

・㉜＿＿＿＿＿＿＿＿＿＿＿＿＿＿＿＿

・㉝＿＿＿＿＿＿＿＿＿＿＿＿＿＿＿＿

■一軒家を持ちたい：

・㉞＿＿＿＿＿＿＿＿＿＿＿＿＿＿＿＿

・㉟＿＿＿＿＿＿＿＿＿＿＿＿＿＿＿＿

・㊱＿＿＿＿＿＿＿＿＿＿＿＿＿＿＿＿

・㊲＿＿＿＿＿＿＿＿＿＿＿＿＿＿＿＿

■集合住宅を持ちたい：

・㊳＿＿＿＿＿＿＿＿＿＿＿＿＿＿＿＿

・㊴＿＿＿＿＿＿＿＿＿＿＿＿＿＿＿＿

・㊵＿＿＿＿＿＿＿＿＿＿＿＿＿＿＿＿

III. 自国の場合との対比

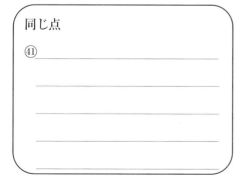

同じ点

㊶＿＿＿＿＿＿＿＿＿＿＿＿＿＿

違う点

㊷＿＿＿＿＿＿＿＿＿＿＿＿＿＿

第**9**課 演習（2）〜戦略経営学演習〜

この「戦略経営学演習」は、以下のような手順で進められることになりました。

① テキストの「例題」と「解説」を読む ……… I

② 解説を要約する

③ 発表の準備をする（相談→発表用シートの作成） ……… II

④ 発表原稿の作成 ……… III

⑤ 発表 ……… IV

■テキスト：林昇一・高橋宏幸・長谷川稔『戦略経営学演習100選II 活力の経営管理』中央経済社

I. テキストを読む

テキストの本文を読んで、あとの質問に答えなさい。

「インターネットビジネス」

<例題> インターネットビジネスの概要を述べ、供給者、消費者おのおのの立場からメリットを
あげ、その理由を説明せよ。

（1）インターネットビジネスの概念

　情報技術（IT）の発展とともに、情報による社会環境は大きく変化し、経済活動のなかにも急
激な変化が生じている。この役割を果たしているのがインターネットである。インターネットビ
ジネスは、従来型の経済環境での経済活動とは全く異なる形の「経済活動の場」をつくり、市場
経済を機能させ、予期しなかった変化をもたらしている。

　ここでのインターネットビジネスとは、郵政省『平成11年度通信白書』の示す「TCP/IP
（Transmission Control Protocol/Internet Protocol）を利用したコンピュータネットワーク上で
の商取引及びそのネットワーク構築や商取引に関わる事業」を意味している。インターネットビ
ジネスは、インターネットコマース（Internet Commerce）又はエレクトロニクスコマース
（Electronics Commerce：電子商取引）と、インターネット接続ビジネス、及びインターネット
関連ビジネスの2つに分類して見ることができる。インターネットコマース（Eコマース：EC）
は、インターネットにより財やサービスの受発注を行う商取引である。ECはインターネットによ
る通信販売（取引）で、インターネット上のWWW（World Wide Web）のホームページに、バ

ーチャル・モール（virtual mall）、サイバー・モール（cyber mall）といわれる仮想商店街を設けて、各種商品の通信販売を行うもので、インターネット利用者は自由にこの商店街から商品を探し購入をする。

このECには、企業―消費者間の取引であるB to C（Business to Consumer）市場と、企業間取引であるB to B（Business to Business）市場がある。このインターネットビジネスの概要を図示すると次の通りである。

テキストの内容をまとめる

1. テキストのここまでの内容を、下のような概要図にまとめました。①〜⑤の＿＿＿＿＿をうめなさい。

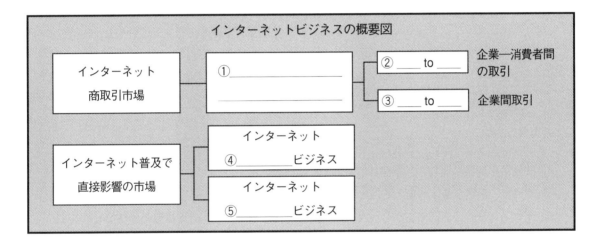

インターネットビジネスの概要図

| インターネット商取引市場 | ① ＿＿＿＿＿＿＿ ＿＿＿＿＿＿＿ | ② ＿＿ to ＿＿ | 企業―消費者間の取引 |
| | | ③ ＿＿ to ＿＿ | 企業間取引 |

インターネット普及で直接影響の市場
- インターネット④＿＿＿＿＿ビジネス
- インターネット⑤＿＿＿＿＿ビジネス

2. ここまでに出てきた語彙をまとめましょう。

・インターネットビジネスとは

①「＿＿＿＿＿＿＿＿＿＿＿＿＿＿＿＿＿＿＿＿＿＿＿＿＿＿＿＿＿＿＿＿」

（郵政省『平成11年度通信白書』）

・インターネットコマース＝エレクトロニクスコマース（Eコマース：EC）とは

②＿＿＿＿＿＿＿＿＿＿＿＿＿＿＿＿＿＿＿＿＿＿＿＿商取引のこと

③＿＿＿＿＿＿＿＿＿＿＿＿、＿＿＿＿＿＿＿＿＿＿＝仮想商店街

④＿＿＿＿＿＿＿＿＿市場＝企業―消費者間の取引

⑤＿＿＿＿＿＿＿＿＿市場＝企業間取引

(p. 65からつづく)

（2）Eコマースの展開

　アメリカにおけるインターネットビジネスは、書籍、パソコン、自動車などの多分野で通信販売が進んでいるが、代表的なものにアマゾン・ドット・コムがある。このインターネット企業は、現在書籍の他に、ビデオ、玩具、ゲーム、家電製品等、1600万件の商品を取り扱う巨大市場を形成している。

　ECは、バーチャル上の商取引であるために店舗が不要であり、生産者が直接消費者に商品販売が可能である。このような直接販売方式は、従来の中間流通業者を排除することから、中間コストを削減するとともに、消費者から直接注文による受注生産（BTO：Built To Order）を可能にした。

　従来の財、サービスの取引では、供給者が製品規格、仕様、品質、価格を決め、需要予測のもとに見込み生産が行われていた。したがって消費者の選択は、その商品を購入するか、しないかが選択肢の範囲であったが、インターネットによるECの展開で、消費者が生産者に対して自分の必要とする仕様製品の注文と、安い価格で購入することも可能となってきたのである。

　一方、供給サイドの生産者は、供給に対応できる最小限の在庫を持つことから、在庫管理コストの大幅な削減が可能となり、消費者が必要とする新商品開発と販売・供給に、十分注力することができるようになる。このBTOによる直接販売方式（B to C）の事例として紹介されるのが、インターネットをBTOのシステムに採り入れたアメリカのデルコンピュータ社 (Dell Computer)である。

　デルコンピュータ社は、創業した1984年からBTOによる直接販売方式を採り入れていたため、商品流通に中間業者はなく、販売は消費者と直接向き合っていた。インターネットを活用した直接販売には、最適な条件を備えていたこともあり、1996年にインターネット上にWWWを設置し、消費者の希望仕様で商品注文が可能なネット販売を開始している。流通経費の節減などインターネットのもつメリットで、競合企業の製品価格に比較して10〜15％程度安く、インターネットによるBTO販売は成功し、これらのことを通して、企業活動全体の効率化が進んでいる。

　わが国では日本法人デルコンピュータ、エプソンダイレクト社等がパソコンを中心に導入しているが、小売店への流通系列化が確立している現状から、既存の流通経路を無視した直接販売方式の導入には、問題も多く、また多くの時間を必要とする。

　アメリカにおける企業間取引（B to B）市場は、米国商務省報告書「The Emerging Digital Economy」1998年によれば、ECで最も成長が高いことが記載されている。なかでも、インターネット・オンラインを利用した原材料・部品などの調達を行う企業が増加し、取引市場規模も大きく成長しているが、わが国では、企業が認識をもちはじめた段階にある。アメリカに比較してインターネット取引が促進されない要素には、第1に原料調達システムは、インターネット登録者のみがアクセス可能な「エクストラネット」を利用するケースが多い。第2は企業のセキュリティが優先し、オープンな取引環境での製品仕様、見積書のやり取りが、企業風土に馴染んでい

ないことなどがあげられる。

　企業間取引事例に、アメリカのゼネラル・エレクトリック社（GE：General Electric Co.）がある。GEは、同社グループが開発したTPN（Trading Process Network）を、1996年にGEグループのGEライティング社（GE Lighting）にテスト導入をしている。GEライティング社は世界各地に45工場を有し、調達担当者は１日に数百件に及ぶ機材・部品等の調達要請を受け、それぞれの仕様に合わせた図面の選定と、調達先への資料の郵送、価格、納期等の交渉業務などで、相当なスタッフ数と時間を要していた。TPN調達システムの好結果により、スタッフ人員・労務費の削減と調達日数の大幅な短縮、入札制採用による有利な価格で調達を可能とした。

　わが国では、TPN類型システム採用のアサヒビール、ミスミなどの企業がある。アサヒビールは、1997年から原料調達にエクストラネットを導入し、製罐・瓶等の容器、包装材、印刷メーカー等の調達先企業とエクストラネットワークを構築し、受発注データの相互交換等を行い、全社各部門を情報統合したシステムの一環として位置づけている。

　ミスミはプレス、プラスチック金型を、インターネット上で取引仲介をする中堅商社で、インターネットの普及とともに成長性の高い企業として注目されている。

（林昇一・高橋宏幸・長谷川稔『戦略経営学演習100選Ⅱ　活力の経営管理』中央経済社）

3. ここまでの内容をまとめました。①〜⑰の空欄をうめなさい。▭には会社名が入ります。

　□アメリカにおけるインターネットビジネスの例：

　　・① ▭ ：現在、書籍のほかに、ビデオ、玩具、ゲーム、家電製品等、

　　　　　　② ＿＿＿＿万件の商品を取り扱う巨大市場を形成している

　★EC：③ ＿＿＿＿＿＿方式

　　→　従来の④ ＿＿＿＿＿＿＿を排除　→　⑤ ＿＿＿＿＿＿＿の削減

　　　　＋⑥ ＿＿＿＿＿＿＿＿＿＿＿＿＿＿＿が可能となった

　　　　・生産者：⑦ ＿＿＿＿＿＿＿の大幅な削減が可能

　　　　　　　　　消費者が必要とする⑧ ＿＿＿＿と＿＿・＿＿に十分注力することが可能

　　　　・消費者：⑨ ＿＿＿＿に対して自分の必要とする⑩ ＿＿＿＿の注文と、⑪ ＿＿＿＿

　　　　　　　　　で購入することが可能

　□BTOの例：

　　（アメリカ）・⑫ ▭

　　（日本）　　・⑬ ▭ 　・⑭ ▭／等

　□企業間取引（B to B）の例：

　　（アメリカ）・⑮ ▭

　　（日本）　　・⑯ ▭ 　・⑰ ▭／等

II. 発表の準備

　p.65と67のまとめを参考に、発表用シートの空欄①〜㉒をうめて、シートを完成させなさい。当日はコンピューターとプロジェクターを使う予定です。

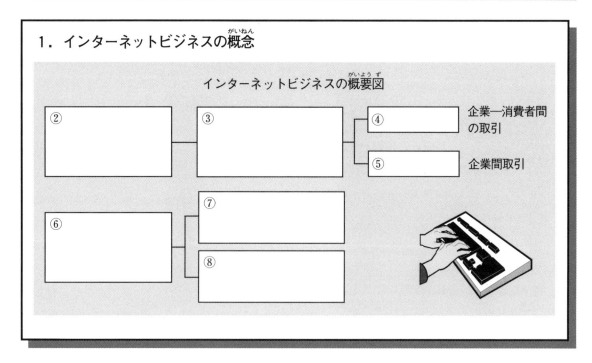

戦略経営学演習　　　　　　　　　　　　　　　　　年　　月　　日

インターネットビジネス

（例題）

① _____

_____

発表者：_____ & _____

1．インターネットビジネスの概念

インターネットビジネスの概要図

② □　　③ □　　④ □　　企業―消費者間の取引

⑤ □　　企業間取引

⑥ □　　⑦ □

⑧ □

2. Eコマースの展開

★⑨ [_____・ドット・コム]

⑩_____、_____、_____、_____、_____ 等、⑪_____ 万件の商品を取り扱う

EC:
⑫_____ 方式の
メリット

・従来の⑬_____ の排除による⑭_____ の削減
・BTO：Built To Order が可能
　生産者の⑮_____ の大幅な削減

⑯_____ と_____・_____ の強化

■ BTOの例：
　・⑰_____　　　・⑱_____　　　・⑲_____／等

■ 企業間取引（B to B）の例：
　・⑳_____　　　・㉑_____　　　・㉒_____／等

B 発表の仕方について話し合う　💿 Track-17

　発表の仕方とシートについて、2人で話し合っています。CDを聞いて、シート3の_____
に言葉を入れなさい。

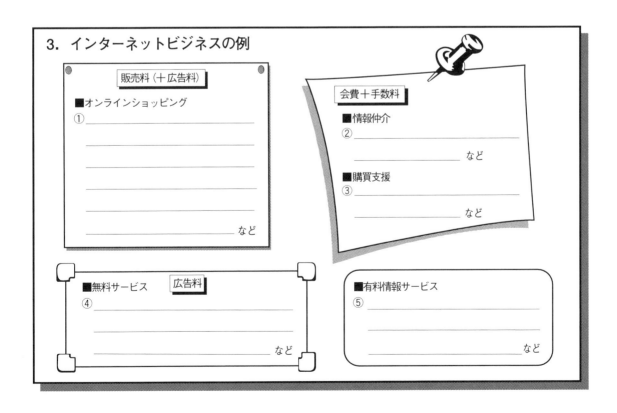

3. インターネットビジネスの例

[販売料（＋広告料）]

■ オンラインショッピング
①_____
_____
_____
_____
_____ など

[会費＋手数料]

■ 情報仲介
②_____
_____ など

■ 購買支援
③_____
_____ など

■ 無料サービス　[広告料]
④_____
_____
_____ など

■ 有料情報サービス
⑤_____
_____
_____ など

4. インターネットビジネスのプラン

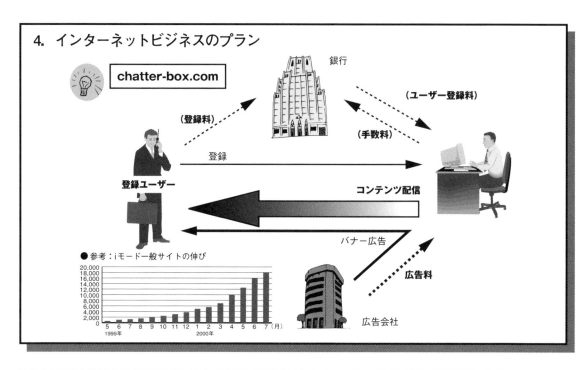

5. 今後の展開と課題

▶ *1* IT環境の整備

▶ *2* ネットバブル崩壊後の対応

▶ *3* マルチプラットフォーム時代の対応

▶ *4* ビジネスモデルの再構築

▶ *5* 危機管理　等

ⓒ 発表原稿を書く

　発表用シートは、コンピューターの画面を使ってプロジェクターで投影（とうえい）しますが、それに合わせて説明するための発表原稿を用意します。Ａで作成した発表用シートを参考にしながら、下の原稿を完成させなさい。発表の時間は質疑応答を入れて20分です。

■導入

　皆さん、こんにちは。「インターネットビジネス」のところを担当した□□□□と□□□□です。よろしくお願いします。

　「インターネットビジネス」というと、皆さんはどんなビジネスを思い浮かべますか。

①＿＿＿

＿＿

　私たちが担当した「例題」は、②＿＿＿＿＿＿＿＿＿＿＿＿＿＿＿＿＿＿＿＿＿＿＿＿＿

＿＿

＿＿＿＿＿＿＿＿＿＿＿＿＿＿＿＿＿＿＿＿について発表したいと思います。

■シート１．インターネットビジネスの概念

　「インターネットビジネス」とは、③＿＿＿＿＿＿＿＿＿＿＿＿＿＿＿＿＿＿＿＿＿＿＿

＿＿

＿＿

＿＿

＿＿

＿＿

＿＿

■シート２．Ｅコマースの展開

④＿＿＿

＿＿

_____

_____

_____

_____

_____

_____

_____

■シート3．インターネットビジネスの例

　「インターネットビジネス」と一口に言っても、現在その業種やサービスは多種多様になっています。そこで、ここでは、その収入形態からいくつか代表的なものをご紹介します。まず、

⑤_____

_____

_____

_____

■シート4．インターネットビジネスのプラン

　では、いま私たちに考えられるインターネットビジネスの例を一つ考えてみましたのでご紹介します。一応「⑥＿＿＿＿＿＿＿＿＿」と名付けましたが、これは、主に⑦＿＿＿＿＿＿＿のユーザーを対象として、登録ユーザーを確保し、⑧＿＿＿＿＿＿付きの⑨＿＿＿＿＿＿を定期的に配信するというものです。日本の場合、モバイルコンピューティング市場の伸びが著しく、参考として示しましたように、⑩＿＿＿＿＿＿＿＿もうなぎ登りです。ただ、アクセスする手間と、その煩雑さを考慮すると、受動的スタイルの方が、今のニーズには合っているように思われます。

　この「⑪＿＿＿＿＿＿＿＿＿」は一種の情報サービスです。⑫＿＿＿＿＿＿として配信するのは「外国語のメッセージ」を考えました。毎日テーマを決めて、30語程度のメッセージやすぐに使える表現を、定時に配信します。すなわち、登録ユーザーの受動的知的好奇心を満足させるのがねらいです。ただし、⑬＿＿＿＿料は、コンテンツの内容からして数十円程度ないし無料にしか設定できないと思われますので、主な収入源は⑭＿＿＿＿＿＿＿＿＿となります。

　このビジネスプランの大きな課題は、やはりコンテンツの充実と、いかにユーザーのニーズを先取りするかだと思われます。

■シート5．今後の展開と課題＋まとめ

　最後に、インターネットビジネスの今後の展開と課題ですが、ここにいくつかピックアップしました。まず、⑮＿＿＿＿＿＿＿＿＿＿＿といったハード面での対応の加速は、もはや緊急課題ですし、⑯＿＿＿＿＿＿＿＿＿が崩壊したいまこそ、社会におけるネット産業の位置づけを明確にし、新たなる「⑰＿＿＿＿＿＿＿＿＿＿」、すなわち、放送と通信の融合による、日常生活のさまざまな分野、製品の大変革に対応した⑱＿＿＿＿＿＿＿＿＿＿＿＿＿が求められてきているのが現状でしょう。また、同時に、さまざまな分野が高速ネットワーク化されることにより、企業のみならず個人は常に、世界的な情報ネットにさらされる危険性をはらんでいるため、それぞれの確固たる⑲＿＿＿＿＿＿体制や、新たな法整備なども求められることになっていくと思われます。

以上、簡単な概略だけでしたが、私たちの発表を終わらせていただきます。

ありがとうございました。

Ⓓ　発表の練習をする

　できあがった発表用シートと原稿をもとに、発表の練習（シミュレーション）をしてみましょう。

第10課 トラブルへの対処と生活情報

I. 学校でのトラブル

● 対処の表現を考える

次の①～⑥ような場合、どのように言えばよいですか。それぞれ＿＿＿＿に書きなさい。

①受講生の多い教養科目の試験が始まるところです。

先生：学生証を机の上に出して。君、学生証は？

学生：あ、すみません。忘れてしまいました。

先生：困ったね。じゃあ、すぐに学生課へ行って仮の学生証を発行してもらって。急いでね。
試験始まっちゃうから。

（学生課で）

学生：＿＿＿＿＿＿＿＿＿＿＿＿＿＿＿＿＿＿＿＿＿＿＿＿＿＿＿＿＿＿＿＿＿＿＿＿

＿＿＿＿＿＿＿＿＿＿＿＿＿＿＿＿＿＿＿＿＿＿＿＿＿＿＿＿＿＿＿＿＿＿＿＿

＿＿＿＿＿＿＿＿＿＿＿＿＿＿＿＿＿＿＿＿＿＿＿＿＿＿＿＿＿＿＿＿＿＿＿＿

②授業が終わって帰ろうとしています。

学生A：あれ？

学生B：どうしたの？

学生A：自転車と部屋のかぎをつけてあるキーホルダーがないのよ。どうしよう。

学生B：学内で今日行ったところを全部探して、なかったら学生課に行って話しておけば？
誰か届けてくれるかもしれないから。

（学生課で）

学生A：＿＿＿＿＿＿＿＿＿＿＿＿＿＿＿＿＿＿＿＿＿＿＿＿＿＿＿＿＿＿＿＿＿＿＿

＿＿＿＿＿＿＿＿＿＿＿＿＿＿＿＿＿＿＿＿＿＿＿＿＿＿＿＿＿＿＿＿＿＿＿＿

＿＿＿＿＿＿＿＿＿＿＿＿＿＿＿＿＿＿＿＿＿＿＿＿＿＿＿＿＿＿＿＿＿＿＿＿

③試験の日です。事故で電車が遅れ、試験の時間に間に合いませんでした。

学生A：絶対に落とせない科目なのに、どうしよう。

学生B：先生に事情を話せば、追試かレポートでなんとかなるんじゃないか。出席も悪くないん
だし、きっと大丈夫だよ。

（教授の研究室で）

　　学生A：＿＿＿＿＿＿＿＿＿＿＿＿＿＿＿＿＿＿＿＿＿＿＿＿＿＿＿＿＿＿＿

　　　　　　＿＿＿＿＿＿＿＿＿＿＿＿＿＿＿＿＿＿＿＿＿＿＿＿＿＿＿＿＿＿＿

　　　　　　＿＿＿＿＿＿＿＿＿＿＿＿＿＿＿＿＿＿＿＿＿＿＿＿＿＿＿＿＿＿＿

④レポートの締め切りは今週の金曜日です。

　　学生A：図書館にリクエストしておいた資料がやっとそろったよ。でも今からまとめても三日
　　　　　　じゃ無理だな。

　　学生B：教授にもう少し締め切りを延ばしてもらうようにお願いしてみたら？　来週の月曜日な
　　　　　　ら、週末に何とかできるんじゃない。

（教授の研究室で）

　　学生A：＿＿＿＿＿＿＿＿＿＿＿＿＿＿＿＿＿＿＿＿＿＿＿＿＿＿＿＿＿＿＿

　　　　　　＿＿＿＿＿＿＿＿＿＿＿＿＿＿＿＿＿＿＿＿＿＿＿＿＿＿＿＿＿＿＿

　　　　　　＿＿＿＿＿＿＿＿＿＿＿＿＿＿＿＿＿＿＿＿＿＿＿＿＿＿＿＿＿＿＿

⑤K教授のゼミでは、学生が順番に本の内容をまとめて発表しています。

　　学生A：次のゼミ、私が発表の担当になっているんだけど、国から母が来ることになって、空港
　　　　　　まで迎えに行かなくちゃいけないの。代わってもらえない？

　　学生B：いいけど、ちゃんと先生には君から連絡しておいてくれよ。

（電話でゼミの教授に）

　　学生A：＿＿＿＿＿＿＿＿＿＿＿＿＿＿＿＿＿＿＿＿＿＿＿＿＿＿＿＿＿＿＿

　　　　　　＿＿＿＿＿＿＿＿＿＿＿＿＿＿＿＿＿＿＿＿＿＿＿＿＿＿＿＿＿＿＿

　　　　　　＿＿＿＿＿＿＿＿＿＿＿＿＿＿＿＿＿＿＿＿＿＿＿＿＿＿＿＿＿＿＿

⑥掲示板に次のような募集が出ていたので応募します。

（S教授の研究室で）

　　学生：失礼します。

　　S教授：はい。何ですか。

　　学生：＿＿＿＿＿＿＿＿＿＿＿＿＿＿＿＿

　　　　　＿＿＿＿＿＿＿＿＿＿＿＿＿＿＿＿

　　　　　＿＿＿＿＿＿＿＿＿＿＿＿＿＿＿＿

　　　　　＿＿＿＿＿＿＿＿＿＿＿＿＿＿＿＿

アシスタント募集
パソコン上手な学生求む!!
内容：ホームページ作成の
ためのデータ入力
期間：10月〜3月
謝礼：1時間1,000円
連絡先：○○学部S教授

II. 日常生活でのトラブル

Ⓐ 対処の方法を考える

次の①～③のような場合、どうしますか。それぞれの問いに答えなさい。

①夕方部屋に戻ると、ルームメートがせきをしながら寝ていました。夜になると熱が39.5度まで上がってしまいました。

（ア）あなたならどうしますか。

（イ）夜間診療（やかんしんりょう）をしている病院や医院を探すには、どうすればよいと思いますか。

②アルバイトの帰りに自転車で転んでしまいました。骨折（こっせつ）しているかもしれません。

（ア）あなたならどうしますか。

（イ）国民健康保険に加入していると、けがや病気のとき、治療費が30％ですみます。加入するには、どのような手続きが必要だと思いますか。

③部屋のシャワーの水が止まりません。

（ア）あなたならどうしますか。

（イ）修理業者（しゅうりぎょうしゃ）を探すにはどうすればよいと思いますか。

（ウ）修理を頼む前に、どんなことを確認する必要があると思いますか。

B 生活情報を得る

1. 次の問いに答えなさい。

①新しい場所に引っ越した場合、生活情報を得るにはどんな方法がありますか。

②隣の市のアパートへ引っ越しました。ゴミの出し方が今までとは違うようです。あなたならどうしますか。

2. ロールプレイ——クラスメートとペアを作り、それぞれA・Bになって練習しなさい。

> A：引っ越してきたばかりの学生です。ゴミの出し方などわからないことが多いので、近所の人と話をして地域の生活情報を詳しく聞いてください。

> B：夫婦でアパートに住んでいます。最近隣の部屋に引っ越してきた学生のゴミの出し方が悪いのが気になっています。相手にいやな感じを与えないように気をつけて、ゴミの出し方を教えてあげてください。以前、市から配布された次のようなパンフレットがあります。

ゴミの分別と回収日

◆燃えるゴミ： 火・金
  ＊天ぷら油等は紙にしみこませたり固めたりして！
  ＊枝や板は50cm以下にして束ねて！

◆燃えないゴミ： 水
  ＊使用済み乾電池は専用回収容器に！

◆リサイクルできるもの ⇒ 資源回収へ！
  ＊ペットボトルはスーパーなどの回収箱に！

◆粗大ゴミ(50cm以上のもの)： 戸別有料収集 ⇒ 環境整備課へお電話を！(TEL: 123-4597)

III. いろいろな施設の利用

A 図書館の利用法を知る　💿 **Track-18**

CDを聞いて、2つの図書館の利用法をまとめなさい。

（1）○○大学図書館

・本を借りるときに必要なもの……① _____

・開館時間

　　月曜～金曜　　② _____ : _____ a.m. ～ ③ _____ : _____ p.m.

　　土曜　　　　　④ _____ : _____ a.m. ～ ⑤ _____ : _____ p.m.

　　（授業のない日）

　　月曜～金曜　　⑥ _____ : _____ a.m. ～ ⑦ _____ : _____ p.m.

　　土曜　　　　　⑧ （_____）

・本の貸し出し冊数と期間

　　学部1年生～3年生　　⑨ _____ 冊　⑩ _____ まで

　　学部4年生　　　　　⑪ _____ 冊　⑫ _____ まで

　　大学院生　　　　　　⑬ _____ 冊　⑭ _____ まで

・コンピューター……⑮ _____ 階　⑯ _____ 台

　　　　　　　　　　⑰ _____ できる

・留学生用図書コーナー……⑱ _____ 階

（2）△△市立図書館

・本を借りるときに必要なもの……① _____

・開館時間

　　火曜～金曜　　　② _____ : _____ a.m. ～ ③ _____ : _____ p.m.

　　土曜・日曜・祝日　④ _____ : _____ a.m. ～ ⑤ _____ : _____ p.m.

・貸し出しの点数と期間

　　図書　　　　　　　⑥ _____　⑦ _____ 日間

　　CD・カセットテープ　⑧ _____ 点まで　⑨ _____ 日間

　　ビデオテープ　　　⑩ _____ 点まで　⑪ _____ 日間

・入館にあたっての注意

　　⑫ _____ を飲んでの入館、⑬ _____ や⑭ _____ の持ち込み、

　　⑮ _____ の使用などをしないこと。

Ⓑ 図書館を上手に利用する

　2つの図書館を上手に利用するために、それぞれのよい点を比べてみました。Aでまとめた利用法をもとに、下の表の＿＿＿＿＿に適当な言葉を書きなさい。

	○○大学図書館	△△市立図書館
開館時間・開館日	授業のある日は①＿＿＿＿＿まで開いている	②＿＿＿＿＿＿＿＿＿も開いている
貸し出し	４年生・大学院生は③＿＿＿＿＿借りられる	本は④＿＿＿＿＿＿＿借りられる
その他	⑤＿＿＿＿＿＿＿や ⑥＿＿＿＿＿＿＿がある	⑦＿＿＿＿＿＿＿＿＿や ⑧＿＿＿＿＿＿＿などが借りられる

Ⓒ 施設を上手に利用する

1. 図書館のほかに、学生生活に役立つ施設にはどんなものがありますか。

2. 図書館のほかに、あなたの地域には、生活に役立つ施設としてどんなものがありますか。それらの施設の利用法や、そこでのトラブルの避け方などをあげましょう。

Ⅳ. インターネットによる情報検索(けんさく)

● インターネットの情報を利用する

　生活情報を得ようと思い、インターネットで「留学生」を検索(けんさく)したところ、下のようなリストが見つかりました。

■医療相談	
港町診療所 　（英語やペルシャ語、タガログ語を話す医師あり）	045（横浜）-453-3673
AMDA（アムダ）国際医療情報センター	03（東京）-5285-8088 06（大阪）-6636-2333
東京エイズ・テレフォンサービス	（英語）　0120-085812 （タイ語）0120-494812
■弁護士相談・紹介	
東京弁護士会外国人人権救済センター	03-3581-2302
■こころと生活の悩み相談	
ジャパン・ヘルプライン	0120-46-1997
■留学生のための相談機関	
東京学生生活相談所	03-3951-9103
東京学生住宅相談所	03-3359-5997
アジア学生文化協会留学生相談室 　（電話相談と面接相談：月～土　面談は10:00～）	03-3946-7565
ボランティアグループ留学生相談室 　（電話相談と面接相談：月～土　面談は13:00～）	03-3465-7550

　次の①～⑤ような場合、リストの中のどこに相談すればよいと思いますか。（　　　　）に電話番号を書きなさい。また、そのとき電話でどのように言えばよいか書きなさい。

① 　・日本に来て５か月　　　　　・生活習慣に慣(な)れず、勉強にも集中できない
　　・相談する友達がいない　　　・毎日暗い気持ちで過ごしている
　　・直接会って悩みを聞いてもらいたい（午前中がよい）

　　相談先：（　　　　　　　　　　　　　　　）

② ・東京に住んでいる留学生　　　・今のアパートは風呂もシャワーもない
　　・銭湯に行くとお金もかかる　　・部屋代が少し高くても風呂付きのアパートに移りたい

相談先：（　　　　　　　　　　　　　　　　　　）

③ ・東京に住んでいる留学生　　　・1か月ぐらい微熱が続いていて体調が悪い
　　・医師に相談したいが日本語でうまく説明する自信がない
　　・ペルシャ語がわかる医師のいる病院があれば少し遠くても行く

相談先：（　　　　　　　　　　　　　　　　　　）

④ ・月8万の契約でアルバイトをしていたが、月の途中で突然クビになった
　　・仕事上の失敗をしたわけでもないので、納得できない（そんなことが許されるのか）
　　・その月のアルバイト料を全額請求できるか　　・法律上のことまで詳しく知りたい

相談先：（　　　　　　　　　　　　　　　　　　）

I. 留守番電話

A 留守番電話のメッセージを聞き取る　　Track-19

　留守番電話のメッセージを聞き取ります。全文を書き取る必要はありませんから、重要なポイントだけを正確にメモしなさい。

①

②

③

④

⓫ 留守番電話にメッセージを残す

①～③の用件で電話をしましたが、相手は留守でした。次のことに注意して、留守番電話に残すメッセージを考え、空欄に書きなさい。

・自分の名前と、必要なら電話番号をはっきりと言う。
・録音時間は1分以内であることが多いので、メッセージをわかりやすく簡潔にまとめる。

---

①今週の土曜日に友人の石橋さんと映画を見に行く約束をしていましたが、ちょうど同じ日に、どうしても聞きに行きたい講演会があることがわかりました。映画も見たいのですが講演会はその日だけですから、映画はほかの日に見に行けないかと思っています。

_____

_____

_____

_____

_____

_____

②萩原ゼミの連絡網がまわってきました。連絡網の次の人、小泉奈々子さんに連絡します。内容は次のようなものです。

　「あしたのゼミはいつもの教室ではなくて、まず図書館ですることになった。授業が始まる10分前に1階のロビーに集まる。そのときに、発表テーマの文献リストを忘れずに持ってくるように。ゼミが終わったあとで、萩原先生も一緒に食堂で昼ご飯を食べながら、発表の相談をする。」

_____

_____

_____

_____

_____

_____

③前から奨学金を申し込んでいましたが、そのための面接が、あさっての4時からに急に変更に
なりました。あさっては、4時半にレポートについての相談をするために、「経済理論 I 」の森
先生の研究室に行くことになっています。奨学金の面接日時は変えられないそうなので、森先生
との約束を変えたいと思っています。

_____

_____

_____

_____

_____

_____

_____

II. メモによるコミュニケーション

Ⓐ 手書きのメモを読み取る

次のメモはどのような意味か考えて文にしなさい。

①ホームステイ先の弟のメモ

天文部
さいとう or さとう？

tel. 0926
   - 74 - 9866

_____

_____

_____

_____

_____

②先生の研究室の伝言板

バンカラマン君
　緊急会議に出席
自宅にメールを

　　　　浜口

---

③ルームメートのメモ

6-9PM
　荷物着予定

急用で外出
受け取り頼む
　　　耕平

---

④ドアにはさんであったメモ

キャロル

　クッキー作りに
　　初挑戦！
作りすぎた
　手伝って.
　　　美紀

B メモを書く

下の①〜④の用件で先生の研究室に行きましたが、先生は不在でした。待遇表現に注意して、残していくメモを書きなさい。

①レポートを書くために先生に教えてもらった老人ホーム「ひまわり園」を見学したいと思い電話で問い合わせたところ、先生の紹介状が必要だと言われた。そこで先生に紹介状をお願いする。

②京都に旅行に行って、おみやげにお菓子を買ってきた。ドアにかけておく。

③先週、国から家族が来ていて忙しく、提出しなければならないレポートが間に合わなかった。すぐに書いて提出するつもりだと伝える。

④きのうはゼミで発表するはずだったが、急に体調が悪くなり、連絡しないまま欠席してしまったので謝る。

①

②

③

④

Ⅲ. Ｅメールによるコミュニケーション

Ⓐ 情報を読み取りＥメールで返事をする

　ある日、次のようなファックスが来ました。Ｅメールで返事を出します。コンピューターに
向かっているつもりで返事を書きなさい。

親睦会のお知らせ

　レポートの提出もすんでようやく一息つきましたね。そこで、以下のとおり森ゼミの親睦会を開きたいと思います。皆さん、他の授業やサークル活動などで忙しいとは思いますが、おおいに食べて、飲んで、話して、これからのゼミに備えましょう。
　なお、出欠を６月15日までに幹事まで連絡してください。
　皆さんの参加をお待ちしています。

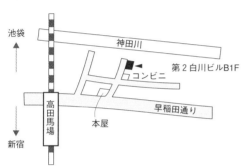

```
＊日時：　　６月30日（金曜日）６時半から
＊場所：　　高田馬場「たべものや」
＊会費：　　3,000円
```

幹事：池田和子
　　　TEL & FAX：041-335-4982
　　　Ｅメール：ikekazuko@yuuhi-net.or.jp

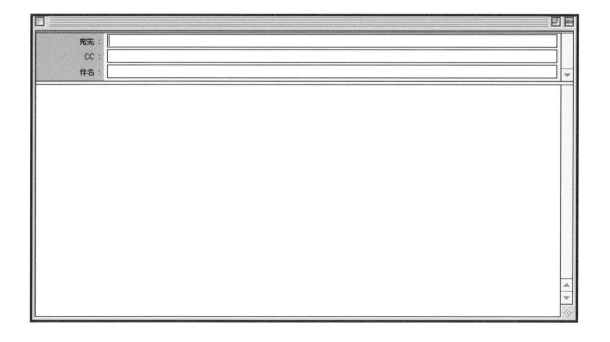

宛先：
CC：
件名：

B 大勢の人にEメールで連絡する

　紅葉のきれいな季節になったので、手話サークルのメンバーを誘ってハイキングに行こうと思い、次のような計画を立てました。一度にたくさんの人に連絡できて経済的なEメールを使います。画面に入力するつもりで書きなさい。

　紅葉がきれいなので、11月23日(土) に高尾山にハイキングに行きます。集まるところは京王線新宿駅3番線ホームの高尾山に向かって一番後ろです。7時48分発の高尾山口行きに乗りたいので、集まる時間は7時40分です。頂上で昼ご飯を食べますから、弁当や飲み物を持っていきます。お菓子もあったほうがいいと思います。雨が降ったときのために、雨具も持っていったほうがいいかもしれません。誰が行くかを知りたいので、1週間前までにメールで返事がほしいと思っています。

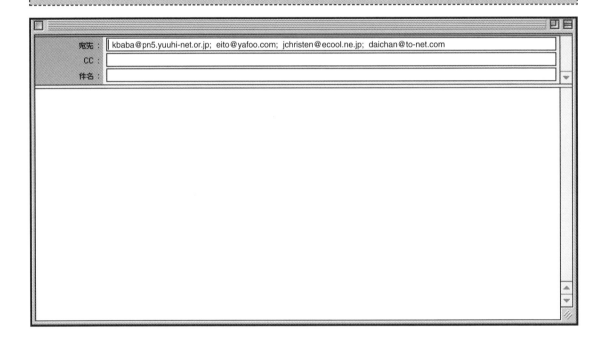

宛先： kbaba@pn5.yuuhi-net.or.jp; eito@yafoo.com; jchristen@ecool.ne.jp; daichan@to-net.com
CC：
件名：

C 実際にメールを送る

　次のような用件でメールの文面を作り、実際に先生と友達にメールを送ってみましょう。

（1）先生に

　・パーティーに招待する

　・授業に欠席したことをわびる

　・急に一時帰国することになったことを連絡する

　・相談したいことがあるので時間をとってもらうよう依頼する

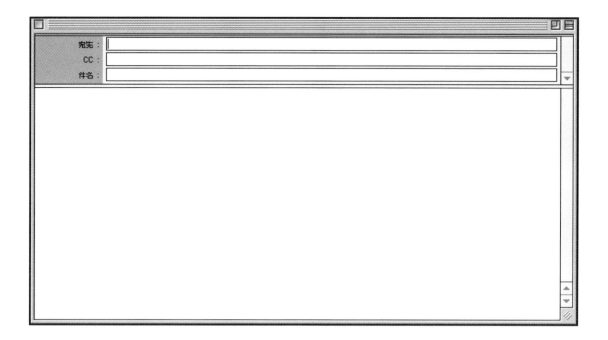

（2）友達に

　・学校を休んだ友達に授業の内容を知らせる

　・よかった本や映画を推薦（すいせん）する

　・しばらく会っていない友達に近況（きんきょう）をたずねる

　・進路について相談する

Ⅳ. 口頭でのコミュニケーション

Ⓐ 先生とのコミュニケーション

　奨学金の申請をするために先生に推薦状を書いてもらいたいと思い、先生の研究室にお願いに行きました。申請の手続きの締め切りは、今週の金曜日です。どのように言ったらいいか考えて、①～⑩の_____をうめなさい。

（ドアをノックする）

先生：はい。

Ａ　：①_____。

先生：ああ。Ａ君ですか。どうぞ。

Ａ　：②_____。

先生：さあ、座って。

Ａ　：はい。ありがとうございます。

先生：で、今日は何の話ですか。レポートの件ですか。

Ａ　：いいえ、今日はレポートの件ではなくて、実は③_____。

先生：お願い？　お願いって何ですか。

Ａ　：実は今度奨学金を申請したいと思っているんですが、それに推薦状が必要なんです。
　　　④_____。

先生：推薦状ね。で、決まった用紙があるんですか。

Ａ　：はい。これです。

先生：ちょっと見せてくださいね。ほうっ、ずいぶん書くところがたくさんあるようですね。それでいつまでに書けばいいんですか。

Ａ　：それが、実は今週中に⑤_____。

先生：今週中っていっても今日は水曜だから、あさってってことですね。ずいぶん急な話ですね。うーん。

Ａ　：⑥_____。

先生：もっと余裕をもって来てくれるといいんですけどね。

Ａ　：⑦_____。

先生：じゃ、書いておきますから、あさっての３時以降だったら研究室にいますから、取りに来てください。

A ：⑧＿＿＿＿＿＿＿＿＿＿＿＿＿＿＿＿＿＿＿。あっ、３時から何時ごろまで研究室に

　　　⑨＿＿＿＿＿＿＿＿＿＿＿＿＿＿＿。

先生：６時ごろまではいると思いますけど、なるべく早く取りに来てくださいね。

A ：⑩＿＿＿＿＿＿＿＿＿＿＿＿＿＿＿＿＿＿＿＿＿＿＿＿＿＿＿＿＿＿＿＿＿

　　　＿＿＿＿＿＿＿＿＿＿＿＿＿＿＿＿＿＿＿＿＿＿＿＿＿＿＿＿＿＿＿＿。

（部屋を出る）

Ⓑ 先輩とのコミュニケーション　　💿 Track-20

　秋山さんは大学の先輩にノートを借りたいと思っています。CDの会話を聞いて、①〜⑩の

　　　＿＿＿＿＿＿**をうめなさい。**

秋山（女）：もしもし、①＿＿＿＿＿＿＿＿＿＿＿＿＿＿＿＿＿＿秋山です。

先輩（男）：やあ、秋山さん、久しぶり。

秋山：同じ大学なのに②＿＿＿＿＿＿＿＿＿＿＿＿＿＿＿＿＿。私は授業やクラブで③＿＿＿＿＿＿

　　　＿＿＿＿＿＿＿＿＿。

先輩：ところで④＿＿＿＿＿＿＿＿＿＿＿＿＿＿＿＿＿＿＿、何か変わったことでもあったの。

秋山：⑤＿＿＿＿＿＿＿＿＿＿＿＿＿＿＿＿＿＿＿＿＿＿＿。

先輩：頼みって何？

秋山：たしか先輩、小林先生の授業を取ってましたよね。

先輩：ああ、去年ね。見事Aをもらったよ。

秋山：⑥＿＿＿＿＿＿＿＿＿＿＿＿＿＿＿＿＿＿＿＿＿＿＿＿＿。

先輩：授業真面目に出て、ノートぐらい取れよ、自分で。勉強は学生の仕事だよ。

秋山：もちろん授業には出てるんですけど、⑦＿＿＿＿＿＿＿＿＿＿＿＿＿＿＿＿＿＿。

　　　　先輩のノートは⑧＿＿＿＿＿＿＿＿＿＿＿＿＿＿＿＿＿。

先輩：おだてても無駄だよ。

秋山：⑨＿＿＿＿＿＿＿＿＿＿＿、先輩。お願いします。

先輩：じゃ、探しとくよ。あしたにでもまた電話くれよな。

秋山：はい、ありがとうございます。⑩＿＿＿＿＿＿＿＿＿＿＿＿。

Ⓒ **友人とのコミュニケーション**

　ロールプレイ──友達にノートを借りるときの会話です。クラスメートとペアを作り、それぞれＡ・Ｂになって練習しなさい。

Ａ：山本先生の授業はとてもおもしろいのですが、板書もあまりしないし、話すのが速いのでなかなかノートが取れません。テストは教科書からだけではなく、授業中に話したことからも出るそうです。ノートを取るのがうまい友人のＢさんもその授業を取っているので、何とかＢさんからノートを借りてください。

Ｂ：あなたは授業にも欠かさず出席してノートもきちんと取り、テストのための勉強も一生懸命しています。字もきれいでノートの取り方が上手だと評判らしく、同じ授業を取っている人や後輩からノートを貸してほしいとよく頼まれます。自分のノートを人に貸したくはありませんが、評判も落としたくありません。何とか断ってください。

スピーチ

I. スピーチを聞く

A キーワードを知る

地球が危ない！
─スピーチ大会開催のお知らせ─

地球は環境破壊がどんどん進んでいます。
環境問題に関する意見や主張、待っています。

会場：5号館203大教室
時間：11月3日午後3時から5時まで
スピーチの内容：一人5分以内、環境に関することなら何でもＯＫ

参加希望者は泉 izumi@hello.com まで

①～⑤は環境に関連したキーワードです。それぞれ右のア～コのどれと関連していますか。
（　　　）に記号を書きなさい。

①地球の温暖化　　　　　（　　　）（　　　）

②オゾン層の破壊　　　　（　　　）（　　　）

③森林の減少　　　　　　（　　　）（　　　）

④大気汚染　　　　　　　（　　　）（　　　）

⑤廃棄物の増加　　　　　（　　　）（　　　）

ア．プラスチック製品
イ．自動車の排気ガス
ウ．農地のための開墾
エ．海面の上昇
オ．フロンガス
カ．温室効果ガス
キ．リサイクル
ク．光化学スモッグ
ケ．木材・パルプ
コ．紫外線の増加

スピーチを聞いて、内容のアウトラインを完成させます。まずCDを聞きながら、右のページにメモを取ります。そのあとで、メモを参考にして下のアウトラインの＿＿＿＿＿をうめなさい。

タイトル： ドイツのゴミ

Ⅰ．導入
　　ドイツ旅行（ホームステイ）　→　ドイツのゴミ

Ⅱ．本論
　　1．飲み物
　　　　①＿＿＿＿＿＿＿＿＿＿＿が少ない
　　　　②＿＿＿＿＿＿＿＿＿＿＿が少ない
　　　　③＿＿＿＿＿＿＿＿＿が多い
　　　　　・④＿＿＿＿＿＿＿＿＿が高い
　　　　　・⑤＿＿＿＿＿回以上使う
　　2．ホームステイ先のお母さんの買い物
　　　　⑥＿＿＿＿＿＿を持って買い物
　　　　⑦＿＿＿＿＿＿＿＿入り食品を買わない
　　　　　　　　　　↓
　　　　　　　一週間に⑧＿＿＿＿＿＿＿＿＿＿のゴミ
　　3．物を長く使う
　　　　20年以上使っている⑨＿＿＿＿＿＿＿＿＿＿
　　　　ひいおじいさんの代からの家具

Ⅲ．まとめ
　　昔の日本（母の話）
　　　　⑩＿＿＿＿＿＿＿＿　……　びん
　　　野菜　　　…………　⑪＿＿＿＿＿＿＿＿＿
　　　豆腐　　　…………　⑫＿＿＿＿＿＿＿＿＿

　　結論　→　できることからゴミを減らす努力が必要

メモ

メモやアウトラインを参考にして、スピーカーにする質問を考えなさい。

Ⅱ. 質疑応答

Ⓐ スピーカーとして質問に答える

　聞き手から１～３のような質問がありました。これに対して、次のページの資料を参考にしてスピーカーとして答えなさい。わからないことに対して無理に答える必要はありませんが、どう言ったらよいか工夫してください。

質問1

> ドイツの人たちがゴミを減らす努力をしていることが、よくわかりました。そうした取り組み方のドイツと日本の差について具体的な数字をお持ちでしたら教えていただけませんか。

質問2

> ドイツの人がゴミを減らそうとしているのは、環境問題に対する危機感が強いからでしょうか。一方、日本人は環境に対する意識が薄いとか、そうした違いはありますか。

質問3

> ドイツ人のゴミに対する姿勢からは、ちょっとはずれるかもしれませんが、いくらゴミを減らしてもゼロにはなりません。ドイツではゴミが最終的にどう処理されているのか、例えばゴミ焼却場の数などを教えていただきたいのですが。

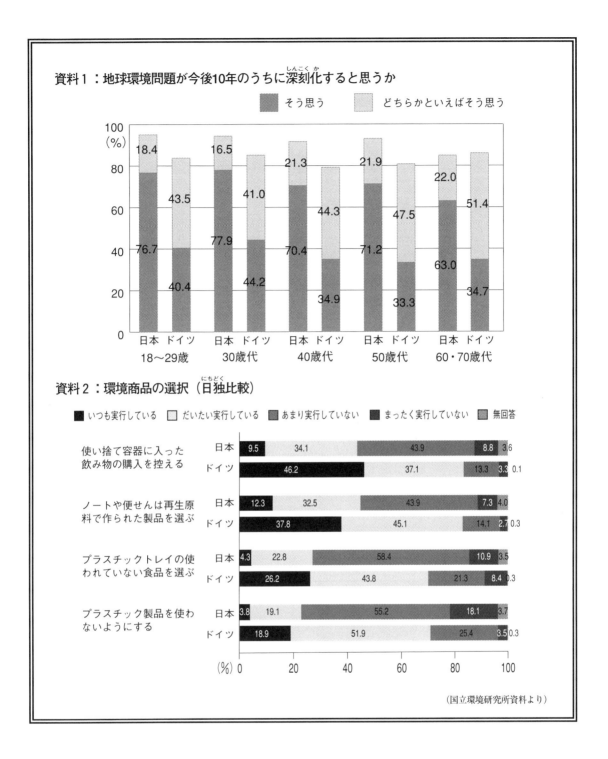

資料1：地球環境問題が今後10年のうちに深刻化すると思うか

■ そう思う　□ どちらかといえばそう思う

資料2：環境商品の選択（日独比較）

■ いつも実行している　□ だいたい実行している　■ あまり実行していない　■ まったく実行していない　■ 無回答

使い捨て容器に入った飲み物の購入を控える
- 日本：9.5／34.1／43.9／8.8／3.6
- ドイツ：46.2／37.1／13.3／3.3／0.1

ノートや便せんは再生原料で作られた製品を選ぶ
- 日本：12.3／32.5／43.9／7.3／4.0
- ドイツ：37.8／45.1／14.1／2.7／0.3

プラスチックトレイの使われていない食品を選ぶ
- 日本：4.3／22.8／58.4／10.9／3.5
- ドイツ：26.2／43.8／21.3／8.4／0.3

プラスチック製品を使わないようにする
- 日本：3.8／19.1／55.2／18.1／3.7
- ドイツ：18.9／51.9／25.4／3.5／0.3

（国立環境研究所資料より）

Ⓑ 質疑応答

　ロールプレイ──ペアになって、95ページで作った質問を使って、一人は質問をし、もう一人はその質問に答えなさい。終わったら役割を交代しなさい。

Ⅲ. スピーチを書く

Ⓐ スピーチのアウトラインを作成する

「森林の減少」をテーマに、資料1〜5を参考にして、100ページにスピーチのアウトライン
を作成しなさい。

資料1：1990−1995年の森林の減少面積が大きい国

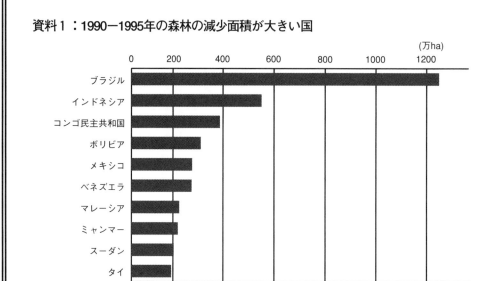

（「FAO State of the Wolrd's Forests 1999」よる）

資料2：国民一人あたりの紙・板紙(いたがみ)年間消費量（1999年）

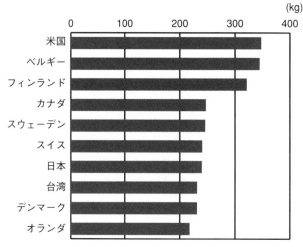

（*Pulp and Paper International* および通産統計による。
http://www.jca.apc.org/jatan/woodchip-j/production.html 参照）

資料3：世界の古紙利用率・回収率

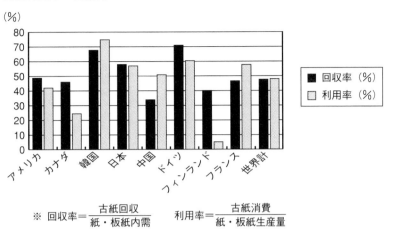

（%）

※ 回収率＝$\dfrac{古紙回収}{紙・板紙内需}$　　利用率＝$\dfrac{古紙消費}{紙・板紙生産量}$

（*Pulp and Paper Internaitonal* による。
http: //www.jpa.gr.jp/eco/koshi/k_02.html 参照）

資料4：製紙原料に占める古紙の割合（古紙利用率）（1999年）

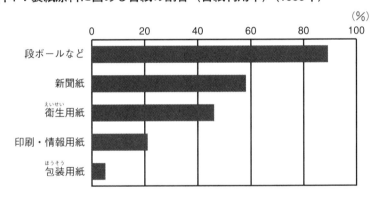

（古紙リサイクル推進検討会「今後の古紙リサイクルの向上に向けて」報告書）

資料5：製紙のために伐採される木

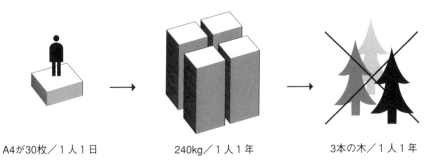

A4が30枚／1人1日　　　　240kg／1人1年　　　　3本の木／1人1年

タイトル：＿＿＿＿＿＿＿＿＿＿＿＿＿＿＿＿＿＿＿＿＿

Ⅰ．導入

Ⅱ．本論

    1．

    2．

    3．

Ⅲ．まとめ

Ⓑ スピーチを作成する

Ａで作成したアウトラインに従って、スピーチを書きなさい。

第13課 討論

I. 討論への準備

● 討論をする際の注意を知る　💿 Track-22

討論の際の注意について、CDを聞いて①〜④の＿＿＿＿＿＿をうめなさい。

司会者として注意すること
1．①＿＿＿＿＿＿＿＿＿＿＿＿＿＿＿＿＿＿＿
2．話がはずれないように注意する
3．まとめをする
4．②＿＿＿＿＿＿＿＿＿＿＿＿＿＿＿＿＿＿＿

討議者として注意すること
1．人の発言をよく聞く
2．③＿＿＿＿＿＿＿＿＿＿＿＿＿＿＿＿＿＿＿
3．一人で長く話しすぎない
4．④＿＿＿＿＿＿＿＿＿＿＿＿＿＿＿＿＿＿＿
5．はっきりと話す

II. 討論を聞く

Ⓐ 討論の発言を聞き取る　💿 Track-23

CDを聞いて、①〜⑩の＿＿＿＿＿＿をうめなさい。

司会者：①＿＿＿＿＿＿＿＿＿＿＿＿＿＿＿＿＿＿＿。司会の山田です。どうぞよろしくお願

いします。②＿＿＿＿＿＿＿＿＿＿＿＿＿＿＿＿＿＿＿＿＿＿＿＿。

まず小林さんにこの問題について説明してもらいます。③＿＿＿＿＿＿＿＿＿＿＿＿＿＿＿＿＿＿＿。

小　林：えー、最近フリーターが増えていることはご存じかと思いますが、最近の調査で150万人を突破したそうです。ちなみに150万人っていうのは、超満員の甲子園球場30杯分です。フリーターというのは、15歳から34歳まででアルバイトかパートで働く人のことです。もちろん主婦や学生は含まれていません。まあ、定職を持たない若者とでもいうのでしょうか。ぼく……私自身は小さいときから物を作るのが好きで、大きくなったら自分で絶対ビルを作ろうと思い、今こうして建築を専攻し、卒業したら立派な建築家になろうと思っています。フリーターっていうのは、なんていうか、いつまでも一人前の社会人になっていないというか、甘えてるっていうか、そんな気がします。

ヤ　ン：④＿＿＿＿＿＿＿＿＿＿＿＿＿＿＿。フリーターっていうとちょっと聞こえがいいみたいだけど、要は一つの職業を選んで責任を持ちたくないってことなんじゃないでしょうか。

大　田：⑤＿＿＿＿＿＿＿＿＿＿＿＿＿＿＿＿＿＿＿＿＿＿＿。

ヤ　ン：⑥＿＿＿＿＿＿＿＿＿＿＿＿＿＿＿＿＿＿＿＿＿＿＿。

大　田：だって、みんな一つの職業を選ばなくてはならないというのが前提になっているみたいですけど、人はみんな違うんだから、いろいろなアルバイトをするっていう選択をしたっていいと思うんです。フリーターが増えてるのを問題にすること自体が、アルバイトに対する偏見っていうか、そんな気がします。

スミス：⑦＿＿＿＿＿＿＿＿＿＿＿＿＿＿＿＿＿＿＿＿＿＿＿、最近はやむを得ずアルバイトっていうフリーターが多いんです。

大　田：そうそう。でも私は自ら進んでのフリーター志望だわ。大学卒業してすぐ人生を決めちゃうなんていやです。いろいろ可能性を探したいし。それに、就職して組織にしばられるのは絶対にいやです。それにアルバイトだって結構収入になるし。

石　井：へえ、どんなアルバイトするの、大田さん。卒業したら家庭教師なんかはできないでしょう。

大　田：何も今から決めることないでしょ。いろいろやってみたいのよ、私。

司会者：⑧＿＿＿＿＿＿＿＿＿＿＿＿＿＿＿＿＿＿＿＿＿＿＿＿＿＿＿＿＿＿。一つの職業を選ばないフリーターは甘えであるという意見と、フリーターも立派な選択肢だという意見がありました。⑨＿＿＿＿＿＿＿＿＿＿＿＿＿＿＿＿＿＿＿＿＿＿＿。

石　井：フリーターも一つの職業という見方もできるかもしれませんが、やはりいやになったらやめればいいって、無責任な気がします。

スミス：⑩＿＿＿＿＿＿＿＿＿＿＿＿＿＿＿＿＿＿＿＿＿＿＿、たしかフリーターをしている理由で一番多かったのが、自由気ままでいたいっていうのだったと思いますけど。こないだ読んだ雑誌に……、ちょっと待って、持ってるかもしれません。

　討論では次のような表現が使われます。Ａで完成させた討論のスクリプトから適当なものを選んで、（ア）～（コ）の空欄に書きなさい。

□司会者の役割としての表現

討論を始める	（ア）
議題の提案をする	（イ）
発言を促す	（ウ） （エ）
話を本題に戻す	（オ）
意見をまとめる	意見をまとめたいと思います。
参加者に感謝する	皆さん、ご協力ありがとうございました。

□討議者の役割としての表現

賛成意見を述べる	（カ）
反対意見を述べる	（キ）
説明を要求する	（ク）
付け加える	（ケ）
前の発言に関連したことを述べる	（コ）

Ⅲ. 討論をする

Ⓐ テーマに関連した資料を読み取る

資料を見て、それぞれの質問に答えなさい。

①女子雇用者（こようしゃ）と男子雇用者の間で、大きく違うのは何ですか。

女子雇用者の平均像（1998年）

	女性	男性
雇用者数	2124万人	3243万人
既婚者（きこん）	1212万人（57.1%）	
未婚者（みこん）	706万人（33.2%）	
離別・死別（りべつ）	205万人（9.7%）	
全雇用者に占める比率	39.6%	60.4%
平均年齢	37.2歳	40.4歳
賃金（所定内給与）	214,900円	336,400円
男女賃金格差	63.9（男性＝100）	

（総務省「労働力調査」、厚生労働省「賃金構造基本統計調査」より）

②他の国と比べて、日本女性の働き方にはどういう特徴がありますか。

女子労働力率の国際比較

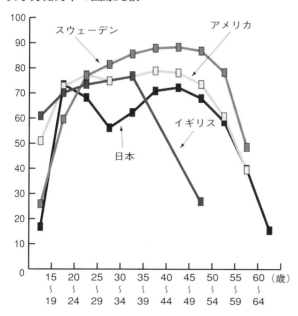

（ILO「Years Book of Labour Statistics 1998」、
総務省「労働力調査」より）

③下の資料と②の資料を比べて、どんなことが言えますか。

四年制大学を卒業した女性の年齢別就職希望（1998年）　　※対象：現在、仕事をしていない人

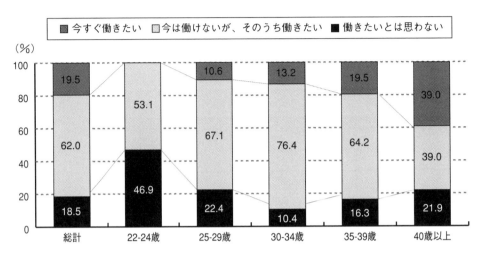

（日本労働研究機構「高学歴女性と仕事に関するアンケート」より）

④日本の男女間における家事分担には、どういう特色がありますか。

家庭生活上の家事分担（2000年）

炊事・洗濯・掃除などの家事（結婚している者に）

子供の世話、子供のしつけや教育（結婚している者で中学生以下の子供のいる家庭のみ）

親の世話（結婚している者で、日常的に親の世話をしている家庭のみ）

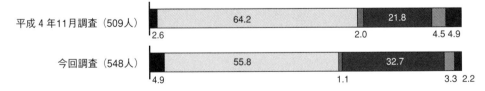

（総理府「男女共同参画社会に関する世論調査」より）

⑤**女性が仕事を選ぶとき重視することには、どのような傾向がありますか。**

女性が仕事を選ぶとき重視すること（1998年）　　※対象：現在、仕事をしていないが就職を希望している人

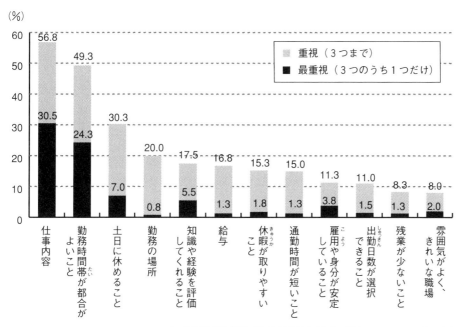

（日本労働研究機構「高学歴女性と仕事に関するアンケート」より）

Ｂ　討論をする

　5～6人のグループに分かれて、Ａの①～⑤の資料を参考にしながら「日本女性の働き方」というテーマで討論しましょう。

Ⅳ．討論の評価をする

討論が終わったあとで、下のシートを使って討論の評価をしなさい。

討論の評価

年　月　日
評価者 ［　　　　　　］

□テーマ：＿＿＿＿＿＿＿＿＿＿＿＿＿＿＿＿＿＿＿＿＿＿＿＿

□司会者：＿＿＿＿＿＿＿＿＿＿＿

□討議者：＿＿＿＿＿＿＿＿＿＿＿＿＿＿＿＿＿＿＿＿＿＿＿＿＿

□討論で問題となった点：

□疑問に思った発言：

□他の討議者の発言は理解できたか　　　　　（　　1　　2　　3　　4　　5　　）
理解できなかった　←　　　　　　　→　理解できた

□自分の意見はうまく言えたか　　　　　　　（　　1　　2　　3　　4　　5　　）
言えなかった　←　　　　　　　→　言えた

□発言したかったが言えなかったこと：

□討論をして学んだこと：

□今後、討論をする際に気をつけたいこと：

第14課 公開討議（1）準備
「科学技術の進歩は人類を幸福にするか」

I. 公開討議の形式

● 公開討議の形式を知る **Track-24**

CDを聞いて、内容をまとめます。①～④の（　　）には下の ┄┄┄ の中からあてはまるものを選んで記号を書きなさい。同じものを2回使ってもかまいません。また、⑤～⑧の＿＿＿＿には適当な言葉を入れなさい。

> ア．会場の参加者　　イ．司会者　　ウ．パネリスト　　エ．コーディネーター

□ 公開討議の形式

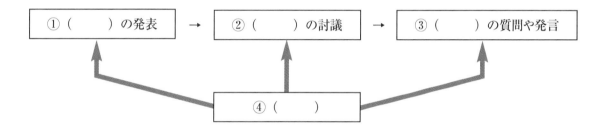

□ 公開討議のタイプと特徴

	パネル・ディスカッション	シンポジウム／フォーラム
代表討議者	問題について⑤＿＿＿＿意見を 持つ人	いろいろな⑦＿＿＿＿的な 立場の人
目的	何らかの⑥＿＿＿＿を 出そうとする	問題を⑧＿＿＿＿的にとらえて 掘り下げて討論する

II. パネリストとしての準備 (1)「縄文人と21世紀人の幸福観」

A 資料を読んで内容をまとめる

パネリストとして話すための準備として、次の資料を読みなさい。

資料（小山修三『美と楽の縄文人』扶桑社）

1．食生活

　縄文時代の食生活は、主食がドングリなどの木の実だったために、食物を獲得するための時間が短くてすみ、縄文人は現代人よりも自由な時間をはるかに多く持つことができたと想像されています。メニューのほうは土器を使っての煮込み料理が中心。食材はサケやアユなどの魚や小動物をはじめ、山菜などの新鮮な野草を豊富に食していたようです。縄文人の食卓は、地味ながら新鮮、ヘルシーで栄養のバランスが抜群の、理想的な食卓だったようです。

2．ファッション

　土偶の姿から推察するに、縄文人はかなりファッションセンスが優れていました。なめした獣の皮からつくるVネックやボートネックの貫頭衣を基本に、パンツや手甲、脚絆のようなものまであったようです。また縄文人は装飾を好む人々でもありました。とくに耳飾りは、縄文を通じて多彩なモードの変遷が見られます。腕輪や首飾りの素材を手に入れるために、黒潮を渡って八丈島まで足を延ばしていた痕跡も残っています。美を追求するために、自らの身体にタトゥや抜歯などもほどこしていました。

3．社会生活

　核家族というと現代的なイメージがありますが、もともと縄文時代の基本的な家族構成は核家族でした。狩猟採集の時代では日常生活のサイズは、フットワークの軽い小さい集団ほど有利になるからです。つまり祖父母から孫まで同居する大家族は日本古来の家族形態ではなく、コメ作が始まった弥生以降の家族形態だということができます。しかし縄文時代と現代の核家族では、大きく違う点があります。それは集団の暮らし方です。現代の核家族は各地に散らばって暮らしていますが、縄文時代の核家族はそれぞれが寄り集まっていわゆる"バンド社会"を構成していました。そこでは個人の自由が存分に認められ、困ったことがあるとお互いに助け合う、ストレスのない共同体でした。

資料の内容を表にまとめなさい。また、21世紀人の生活については自分で考えて記入し、違いを考えなさい。空欄があってもかまいません。

		縄文時代	21世紀
1. 食生活	特徴	①	④
	よい点	②	⑤
	問題点	③	⑥
2. ファッション	特徴	①	④
	よい点	②	⑤
	問題点	③	⑥
3. 社会生活	特徴	①	④
	よい点	②	⑤
	問題点	③	⑥

B 発表の内容を考える

　Aの表をもとに、縄文人と21世紀人の生活を「幸福観」という視点で比べ、パネリストとしてどのような発表をすればよいか考えなさい。

III. パネリストとしての準備 (2)「先端医療の行方」

▶ A 資料を読んで内容をまとめる

パネリストとして話すための準備として、次の資料を読みなさい。

資料1 （星野一正『医療の倫理』岩波新書）

　従来の医療は、主に患者を診て病気を診断し治療するのがその目的であり、医師は一人の患者の病気の診断治療をするのが原則であった。例外として、産科の場合には、胎児と妊婦の両者を対象として医療を考える必要があった。しかし、最近の先端医療では、体外受精・胚移植、遺伝子治療、臓器移植や植物状態など、人間の生命や生き方を医療技術によって操作するような新しい医療が加わってきた。そして、従来の生命観や価値観と衝突するような事例が生じ、それらを反映して医療をめぐる倫理観にも新しい変化が生じてきた。その結果、わが国の医療の倫理には新旧さまざまな考え方が入り交じり、混迷がもたらされているというのが現状であろう。

　かつては、その時代の医学・医療のレベルに照らして治せない病気にかかった場合には、「死んでも仕方がない、寿命なんだ」という一種の諦めに似た気持ちを誰しも多少はもっていたと思われる。ところが、先端医療技術の進歩により、死に瀕した末期患者を生命維持装置によって脳死が起こるまで生かしておくことができ、脳死が起こった後も期間に限りはあるにしても脳死者の遺体の中で脳以外の臓器や組織を生かし続けることが可能になった。一方、植物状態の患者に対する末期医療における延命治療を中止することによって、患者を自然の状態で心臓死に導き、「尊厳死」とよばれる自然死を遂げさせることも可能になった。

資料2 （大朏博善『ES細胞―万能細胞への夢と禁忌』文春新書）

　これまでは主に、病気を治したり具合の悪い臓器を取り換えたりといった、「状態の悪いものを普通にする」という発想であった。これをほんの少し進めると、「普通以上に良くしたい」という発想による技術となる。いつまでも若い身体、死なない身体、がその代表だろう。

　ES細胞をもとに臓器や組織の補修・交換が可能になった時点で、平均的な寿命が延びるのはほぼ間違いない。遺伝的・先天的なトラブルをかかえている人でも、たとえば免疫系に問題があるケースなら血液幹細胞を入れ換えるといったように、その影響が現れている組織や臓器を取り換えることで対処できる。脳に原因する障害でも、その機能をつかさどる神経細胞を徐々に入れ換える、あるいは神経伝達物質を分泌する細胞を移植する、などで解決が図れるという見方は多い。

　こうして、古くなった組織や臓器を積極的に新品に入れ換えていくことで長い寿命を保つという発想に、そう無理はない。生命維持の主役である中枢神経が本当に再生するのか、そもそも臓器移植の連続に人体がたえられるのか、問題は山積みどころか、現状では否定的材料ばかり。しかし、千変万化するES細胞の登場によって、人々の生命観が変化することは間違いない。

資料の内容をまとめました。①～⑬の＿＿＿＿＿に適当な言葉を入れなさい。

資料1

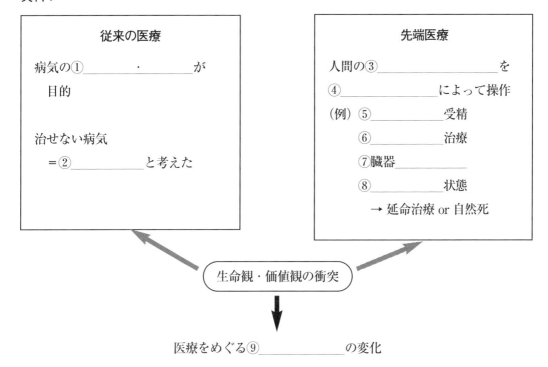

従来の医療

病気の①＿＿＿＿＿・＿＿＿＿＿が
　目的

治せない病気
　＝②＿＿＿＿＿と考えた

先端医療

人間の③＿＿＿＿＿＿＿＿を
④＿＿＿＿＿によって操作
（例）⑤＿＿＿＿受精
　　　⑥＿＿＿＿治療
　　　⑦臓器＿＿＿＿
　　　⑧＿＿＿＿状態
　　　→ 延命治療 or 自然死

生命観・価値観の衝突

医療をめぐる⑨＿＿＿＿＿の変化

資料2

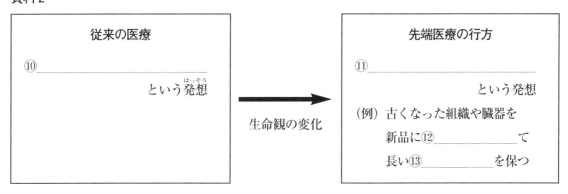

従来の医療

⑩＿＿＿＿＿＿＿＿
　　　　　　という発想

生命観の変化

先端医療の行方

⑪＿＿＿＿＿＿＿＿
　　　　　　　　　という発想
（例）古くなった組織や臓器を
　　　新品に⑫＿＿＿＿＿て
　　　長い⑬＿＿＿＿＿を保つ

Ｂ　発表の内容を考える

　Ａの内容のまとめをもとに従来の医療と先端医療を比べ、「先端医療の行方と人類の幸福」という視点でパネリストとしてどのような発表をすればよいか考えなさい。

Ⅳ．パネリストとしての準備 (3)「IT革命は何をもたらすか」

Ⓐ 資料を読んで内容をまとめる

パネリストとして話すための準備として、次の資料を読みなさい。

資料1 （島田隆・安藤佳則『eビジネスに強くなる』講談社現代新書）

　これまで、日本の人事管理というのはプロセス管理型であった。途中の過程を徹底して管理し、指示・計画どおりに「つつがなく」スムーズに業務が流れることが重要だった。そこでは、たしかに会社の中でのコミュニケーションは大切であったし、社員たちが会社の事情に精通することに意味があった。だが、アンバンドリング（組織の結びつきをほどくこと）やアウトソーシング（外注）の流れというのは、会社の中における各部門の連帯よりも、各部門の単体としての力のほうが重視されるということにほかならない。（中略）

　個人でも同じだろう。どこに所属していたかは関係ない。ある仕事をプロフェッショナルとしてどれだけできるかという、本来の意味での競争力を問われることになる。

　ただし、「何かのスペシャリストになれ」とか、「手に職をつけろ」などということはずいぶん前からよくいわれてきたことだ。ビジネスマンとして、どういうプロフェッショナルであることが求められているのだろうか。アウトソーシングの対象になりやすいのは「創造型」の仕事より「遂行型」の仕事であるということはすでに述べた。

資料2 （今井賢一『情報ネットワーク社会』岩波新書・1984年）

　情報ネットワーク社会は、なんらかのハンディキャップを負った弱者の立場を包容したものになりえないかぎり、その基盤はもろく、脆弱なものに止まらざるをえない。ところが、情報技術と情報経済は幸いにも、その固有の性質によってハンディキャップを負った者の立場を包容しうる可能性を持っているのである。

　まず、技術的条件についてみると、機械と人間とのインターフェースが進歩して、情報機械が誰にも採用しやすいものになってきていることは、ボタンを押すだけの単細胞人間をつくる危険がある一方で、ハンディキャップを負った者にも扱いうる可能性を開いているのである。（中略）

　第二に、経済的条件について、これが最大の問題であることはいうまでもないが、しかしここでも、情報化社会に特別な有利な条件ともいうべきものが生まれてきている。それはしばしば別の文脈で述べてきた情報の公共財的性質に由来するもので、いったん作られた情報をコピーして他人に供給するには格別コストがかからない、という条件を利用することである。つまり、社会的にハンディキャップを負った者が情報技術を利用するための情報、たとえばロボットを動かすソフトウェアであるとか、必要なデータ・バンクを利用するための情報は、それを寄付してもらえば無料化しうるということである。（中略）

　高齢化社会をむかえ、西暦2000年には寝たきり老人が百万人に達するだろうというような予測をみれば、情報技術の長所を徹底的に活用しないかぎり、日本の社会は成り立ってゆかないのである。

資料の内容をまとめました。①〜⑨の_____に適当な言葉を入れなさい。

資料1

重視されるものの変化

<table>
<tr><td>これまで</td><td></td><td>これから</td></tr>
<tr>
<td>

（会社）
・①_____管理
・各部門の②_____

（個人）
・③_____型の仕事
</td>
<td>⇒　ＩＴ革命　⇒</td>
<td>

（会社）
・各部門の④_____としての力

（個人）
・⑤_____型の仕事
・⑥_____
　　としてどれだけ仕事ができるか
</td>
</tr>
</table>

資料2

1984年に今井氏が述べた

西暦2000年に向けて目指すべき「情報ネットワーク社会」

＝⑦_____の立場を包容したもの

　　・技術的条件：誰にも採用しやすい⑧_____

　　・経済的条件：情報の⑨_____化

Ⓑ　発表の内容を考える

1. 資料1の図をもとに、これまでとこれからの社会を比べ、「IT革命は何をもたらすか」という視点で、パネリストとしてどのような発表をすればよいか考えなさい。

2. 資料2で1984年に今井氏が述べた西暦2000年に向けて目指すべき「情報ネットワーク社会」と、21世紀になった現在の社会を比べ、パネリストとしてどのような発表をすればよいか考えなさい。

V．パネリストとしての準備 (4)「経済発展と環境問題」

Ⓐ 資料を読んで内容をまとめる

パネリストとして話すための準備として、次の資料を読みなさい。

資料（読売新聞科学部『環境ホルモン・何がどこまでわかったか』講談社現代新書）

　環境ホルモンや人工化学物質の問題を考える際に最も象徴的なのは、ごみ焼却炉からダイオキシンが出たということです。もともとごみ焼却炉は環境対策で整備されたものです。生きていくうえでごみが出るのは避けられず、ごみを燃やして減らすことで環境を保全しようというものなのです。環境保全の過程で強力な毒物が出てきたのは大変皮肉ですし、社会のあり方とかライフスタイルとかを見直すべきであるという警告かもしれません。戦後50年の制度疲労がいろいろ問題になっていますが、そういうこととつながっているかもしれません。

　人類は過去50年、膨大な人工化学物質を産み出し使用してきましたが、大きな転機は材料を人の手で作り始めたことです。それまでは医薬品や染料もたいした量ではなかったのです。天然のセメントや鉄鋼、木材、繊維の代わりに、石油から人工材料を製造し、それを使用する場面が飛躍的に増えました。世界の経済を支えている自動車も、プラスチックなど人工の化学物質が数多く使われているし、情報機器の中にも新たに人間が開発した化学物質が使われています。いくつかの化学物質が人間の死を含めさまざまな悲劇を生んだことも事実ですが、我々の社会は化学物質なしでは存続できないし、利便性を高めたり、場合によっては安全性を高めたりしていることも認める必要があります。

　例えば、フロンは冷蔵庫の冷媒として開発されましたが、その冷凍技術のよって、年中、適当な価格で食品を購入でき、さまざまなものを食べることができるようになり、我々の食生活を大きく変えました。フロンを使ったエアコンができ、人はテレビやコンピュータとの会話に興ずるようになりました。化学物質は文化さえも変えます。

　このように化学物質は社会や文化にさえも大きく影響を与えているもので、今後どのように付き合っていくかが問われています。（立川涼：談）

(注)

環境ホルモン：動物の体内に入ってホルモンに似た働きをする化学物質。動物の生殖能力の低下や精子の異常減少などが報告されている。

ダイオキシン：燃えるごみの中の炭素とプラスチックなどの化学物質に含まれる塩素が結びついてできる猛毒。がん、皮膚病、生殖機能や遺伝子の異常などをもたらす。

フロン：太陽からの有害な紫外線を防ぐオゾン層を破壊する化学物質。1996年から製造を中止したが、オゾン層の破壊は進んでいる。

資料の内容をまとめました。(注)もよく読んで、①〜⑫の＿＿＿＿に適当な言葉を入れなさい。

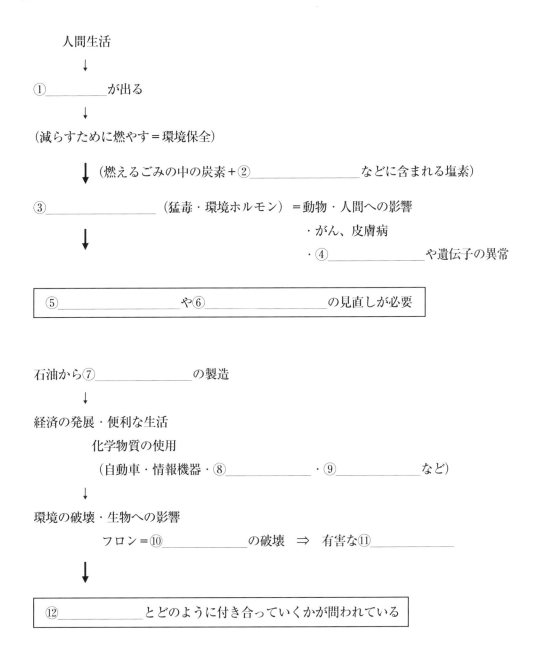

人間生活
↓
①＿＿＿＿＿が出る
↓
(減らすために燃やす＝環境保全)
↓ (燃えるごみの中の炭素＋②＿＿＿＿＿＿＿＿などに含まれる塩素)

③＿＿＿＿＿＿＿(猛毒・環境ホルモン)＝動物・人間への影響
　　　　　　　　　　　　　　　・がん、皮膚病
　　　　　　　　　　　　　　　・④＿＿＿＿＿＿＿や遺伝子の異常
↓

⑤＿＿＿＿＿＿＿や⑥＿＿＿＿＿＿＿の見直しが必要

石油から⑦＿＿＿＿＿＿＿の製造
↓
経済の発展・便利な生活
　　　　化学物質の使用
　　　　(自動車・情報機器・⑧＿＿＿＿＿・⑨＿＿＿＿＿など)
↓
環境の破壊・生物への影響
　　　　フロン＝⑩＿＿＿＿＿の破壊　⇒　有害な⑪＿＿＿＿＿
↓

⑫＿＿＿＿＿とどのように付き合っていくかが問われている

Ⓑ 発表の内容を考える

　Ａの内容のまとめをもとに、化学物質が人間にもたらしたプラスとマイナスの結果を比べ、「経済発展と環境問題」という視点で、パネリストとしてどのような発表をすればよいか考えなさい。

第15課 公開討議（2）実践
「科学技術の進歩は人類を幸福にするか」

I. パネリストの発表

Ⓐ 発言の主旨を聞き取る 💿 Track-25

CDを聞いて、①〜⑭の_____に適当な言葉を入れて、各パネリストの発言の主旨をまとめなさい。

専門：①_____

| 現代 | ⟵————⟶ | 縄文 |

・②_____な生活

・③_____に満ちている

・ストレス

「現代人と縄文人とではどちらが幸せか」

専門：⑧_____

情報の⑨_____化・大量化

↓

経済活動の⑩_____化

↓

産業⑪_____の変化

「生きがいのある仕事や生活
　　　　　　のために何が必要か」

鈴木

佐藤

会田

山川

職業：④_____

⑤_____医療の進歩

↓

人間の⑥_____にかかわる部分

↓　　　　　　までコントロール

生命・医療に関する⑦_____の
　検討が必要

「命とは何か」「生きていく幸せとは何か」

⑫_____に関する市民活動家

| 人間が作った⑬_____ |

（プラス）↓　　　　　　（マイナス）↓

⑭_____発展

　　人間や動物の健康や生態系に悪影響

「経済や科学技術の発展は
　　　　　　　私たちを幸せにするか」

B 意見を述べ、質問に答える（1）── 縄文人と21世紀人の幸福観

1. 14課の資料や2・3課の講義の内容を参考にして、パネリストとして「縄文人と21世紀人の幸福観」という観点で意見を述べなさい。

2. 聴衆から次のような質問が出ました。パネリストとして答えを考えなさい。

> 質問1：現在、日本人の主食は主にコメです。もし縄文時代の食生活が理想的なものだったとしたら、なぜ縄文以降の人たちはそれをやめてコメ中心の食生活にしてしまったのでしょうか。

> 質問2：三内丸山遺跡の発掘などによって縄文時代が見直され、「縄文ブーム」と言ってもよいくらいだと思います。なぜ今、このように縄文時代が注目されているのでしょうか。

3. ロールプレイ──ペアになって、一人は聴衆として質問1・2以外の質問をし、もう一人はパネリストとしてその質問に答えなさい。

ⓒ 意見を述べ、質問に答える（2）── 先端医療の行方

1. 14課の資料や5・6課の講義の内容を参考にして、パネリストとして「先端医療の行方」という観点で意見を述べなさい。

2. 聴衆から次のような質問が出ました。パネリストとして答えを考えなさい。

質問1：私は自分が脳死状態になった場合には臓器を提供したいと思っていますが、どうすればよいのですか。

質問2：「悪い部分を治す」のではなく「普通の部分をよりよくする」という遺伝子操作による医療は認められるのでしょうか。例えば「ハンサムでスポーツが得意な子供を作りたい」とか……。

3. ロールプレイ──ペアなって、一人は聴衆として質問1・2以外の質問をし、もう一人はパネリストとしてその質問に答えなさい。

Ⓓ 意見を述べ、質問に答える(3)── IT革命は何をもたらすか

1. 14課の資料や9課の講義の内容を参考にして、パネリストとして「IT革命は何をもたらすか」という観点で意見を述べなさい。

2. 聴衆から次のような質問が出ました。パネリストとして答えを考えなさい。

質問1：今井賢一さんが20年近くも前におっしゃっていた「ハンディキャップを負った人や老人のために情報技術の長所を徹底的に利用する」ものとして、現在どんな例がありますか。

質問2：IT革命によって大企業は構造や人事管理などの変革を迫られてきたというお話でしたが、日本の多くを占める中小企業や個人経営者についてはどうなのでしょうか。ITを有効に使っているのでしょうか。

3. ロールプレイ──ペアになって、一人は聴衆として質問1・2以外の質問をし、もう一人はパネリストとしてその質問に答えなさい。

1. 14課の資料や12課の内容を参考にして、パネリストとして「経済発展と環境問題」という観点で意見を述べなさい。

2. 聴衆から次のような質問が出ました。パネリストとして答えを考えなさい。

質問1：化学物質が安全性を高めることもありますか。それは例えばどんな場合でしょうか。

質問2：本当に私たちの社会は化学物質なしでは存続しないのでしょうか。

3. ロールプレイ——ペアなって、一人は聴衆として質問1・2以外の質問をし、もう一人はパネリストとしてその質問に答えなさい。

II. 討議のまとめ

Ⓐ 資料や意見をまとめる

_____に適当な語句を入れて、今までに出た意見や資料の内容をまとめなさい。

(1) 縄文人と21世紀人の幸福観

21世紀の生活はテクノロジーによって①_____たが、②_____

_____もあり、人々は今の生活を幸福だと③_____。一方、縄文時代の生活は

④_____が⑤_____

であり、人々は生活を幸福だと⑥_____ようだ。

(2) 先端医療の行方

先端医療の進歩によって⑦_____が変わってきた。今後、医学が人の

「生と死」をどこまで⑧_____してもよいのか、また、それによって人は本当に幸

せになれるのか、ということを⑨_____な面から⑩_____。

(3)IT革命は何をもたらすか

情報技術の進歩によって⑪_____が変わっ

てきた。そのような社会のビジネスで成功するには⑫_____

_____が必要である。しかし、高齢化社会を迎える21世紀においては、

⑬_____を目指さなければ、人々の幸福にはつ

ながらないだろう。

(4) 経済発展と環境問題

化学物質の使用によって⑭_____たが、一方で、その化学

物質によって⑮_____。

21世紀を生きる人々の幸福は⑯_____

_____。

Ⓑ 司会者としてまとめる

　「縄文人と21世紀人の幸福観」「先端医療の行方」「IT革命は何をもたらすか」「経済発展と環境問題」についてのパネリストの意見と、質疑応答によって出てきた意見をふまえ、司会者の立場で討議全体をまとめなさい。

III. 公開討議の実践

● 公開討議のロールプレイをする

役割を決めて、次のようなテーマで実際に公開討議をしてみましょう。

（例）・高齢化社会とボランティア活動

・21世紀のエネルギー問題を考える

・インターネットの可能性を求めて

・ダム建設と環境

・携帯電話でコミュニケーションはどう変わるか

● 参考文献

第2課・第3課

梅原猛・安田喜憲 編著『縄文文明の発見　驚異の三内丸山遺跡』PHP研究所（1995年）

岡田康博・小山修三編『縄文鼎談　三内丸山の世界』山川出版社（1996年）

岡田康博『遥かなる縄文の声　三内丸山を掘る』NHKブックス（2000年）

小山修三『美と楽の縄文人』扶桑社（1999年）

楠戸義昭『神と女の古代』毎日新聞社（1999年）

河野信子編『女と男の時空　日本女性史再考　①ヒメとヒコの時代　原始・古代（上）』藤原書店（2000年）

山尾一郎『縄文人に学ぶ　歴史・環境・ライフスタイル』地歴社（1997年）

「縄文観覆す青森・三内丸山遺跡」日本経済新聞（1994年11月27日）

西東社出版部編『写真と図解　日本の古墳・古代遺跡』西東社（1999年）

岡村道雄『やってみよう縄文人生活』KTC中央出版（2000年）

小林達雄『縄文人の文化力』新書館（1999年）

藤田富士夫『縄文再発見』大巧社（1998年）

山口敏監修『日本人の起源の謎』日本文芸社（1997年）

テレビ東京編『海を越えた縄文人』祥伝社（1999年）

小泉保『縄文語の発見』青土社（1998年）

栗本慎一郎『縄文式頭脳革命』講談社（1989年）

埴原和郎『縄文人の知恵』小学館（1985年）

山田昌久監修『縄文のムラの研究　ぬりかえられる縄文人のイメージ』ポプラ社（2000年）

小山修三『縄文時代　コンピュータ考古学による復元』中公新書（1984年）

川崎真治『日本語のルーツが分かった！』徳間書店（1980年）

青森県「三内丸山遺跡へようこそ」（http://www.pref.aomori.jp/sannai）

青森銀行「三内丸山遺跡ホームページ」（http://www.capa.ne.jp/a-bank/maruyama/ikou/ikou1.html）

Web東奥・企画「三内丸山遺跡」（http://www.toonippo.co.jp/kikaku/sannai）

第5課・第6課

柳澤桂子『「いのち」とはなにか　生命科学への招待』講談社学術文庫（2000年）

柳澤桂子『ヒトゲノムとあなた　遺伝子を読み解く』集英社（2001年）

「"スーパー羊"光と影」毎日新聞（2001年4月16日）

安藤寿康『心はどのように遺伝するか　双生児が語る新しい遺伝観』講談社ブルーバックス（2000年）

奈良信雄『遺伝子診断で何ができるか　出生前診断から犯罪捜査まで』講談社ブルーバックス（1998年）

中込弥男『遺伝子と遺伝子診断がわかる本』羊土社（1998年）

岩崎説雄『クローンと遺伝子　生命再生技術の現在』KKベストセラーズ（2000年）

大朏博善『ES細胞　万能細胞への夢と禁忌』文春新書（2000年）

星野一正『医療の倫理』岩波新書（1991年）

山口研一郎編『操られる生と死　生命の誕生から終焉まで』小学館（1998年）

天笠啓祐『遺伝子組み換えとクローン技術100の疑問』東洋経済新報社（2000年）

中原英臣『ヒトゲノムのすべて　遺伝子と生命の謎を解く』PHP研究所（2000年）

別冊宝島編集部『わかる！ 遺伝子』宝島社文庫（2000年）

米本昌平・松原洋子・橳島次郎・市野川容孝『優生学と人間社会　生命科学の世紀はどこへ向かうのか』
　　講談社現代新書（2000年）

村上和雄・清水信義『最先端レポート　日本「ヒトゲノム計画」のいま』ビジネス社（2000年）

アーサー・カプラン著／久保儀明・楢崎靖人訳『生命の尊厳とはなにか　医療の奇跡と生命倫理をめぐ
　　る論争』青土社（1999年）

中村桂子『生命誌の世界』NHKライブラリー（2000年）

GENETOPIA「遺伝子診療と倫理」（http://genetopia.md.shinshu-u.ac.jp/guide.htm）

ユウバイオス倫理研究会「生命倫理学への手引き」（http://www.biol.tsukuba.ac.jp/~macer/TMJ.html）

第8課
橘木俊詔『ライフサイクルの経済学』ちくま新書（1997年）

第9課
林昇一・高橋宏幸・長谷川稔『戦略経営学演習100選II 活力の経営管理』中央経済社（2000年）
インターネットビジネス研究会著／浜屋敏・碓井聡子監修『インターネットビジネス白書2001』ソフト
　バンクパブリッシング（2000年）

第12課
産能短期大学日本語教育研究室編『大学生のための日本語』産能大学出版部（1990年）
斎山弥生・沖田弓子『研究発表の方法　留学生のためのレポート作成・口頭発表準備の手引き』産能短
　期大学国際交流センター（1996年）
ピロッタ丸山淳・長田紀子・清水澤子・等々力櫻子・吉田直美『留学生のための大学の授業へのパスポ
　ート』凡人社（1996年）
東海大学留学生教育センター口頭発表教材研究会『日本語口頭発表と討論の技術　コミュニケーショ
　ン・スピーチ・ディベートのために』東海大学出版会（1995年）
志村隆編『最新版地球環境白書④図書館版　新・今「ゴミ」が危ない』学習研究社（2000年）
（財）地球・人間環境フォーラム「森林と環境のページ：世界の森林の状況」
　（http://www2.odn.ne.jp/~aab27900/deforest.htm）
RECYCLING KEYPOINT（by 松島範行）（http://www.geocities.com/matsushima.geo/）
熱帯林行動ネットワーク「紙と森林伐採について考えるページ：国内の紙生産・消費」
　（http://www.jca.apc.org/jatan/woodchip-j/production.html）

第13課
産能短期大学日本語教育研究室編『大学生のための日本語』産能大学出版部（1990年）
ピロッタ丸山淳・長田紀子・清水澤子・等々力櫻子・吉田直美『留学生のための大学の授業へのパスポ
　ート』凡人社（1996年）
東海大学留学生教育センター口頭発表教材研究会『日本語口頭発表と討論の技術　コミュニケーショ
　ン・スピーチ・ディベートのために』東海大学出版会（1995年）
（財）矢野恒太記念会編『世界国勢図会2000/2001年版』国勢社（2000年）
『調査研究報告書No. 138　進路決定をめぐる高校生の意識と行動—高卒フリーター増加の実態と背景—』
　日本労働研究機構（2000年）
『労働と経済』共文社（2000年10月5日号／2001年1月5日・15日合併号／2001年3月5日号）

第14・15課
東海大学留学生教育センター口頭発表教材研究会『日本語口頭発表と討論の技術　コミュニケーショ
　ン・スピーチ・ディベートのために』東海大学出版会（1995年）
小山修三『美と楽の縄文人』扶桑社（1999年）
山尾一郎『縄文人に学ぶ　歴史・環境・ライフスタイル』地歴社（1997年）
星野一正『医療の倫理』岩波新書（1991年）
大朏博善『ＥＳ細胞　万能細胞への夢と禁忌』文春新書（2000年）
島田隆・安藤佳則『ｅビジネスに強くなる　トラフィック革命の衝撃』講談社現代新書（2000年）
今井賢一『情報ネットワーク社会』岩波新書（1984年）
読売新聞科学部『環境ホルモン・何がどこまでわかったか』講談社現代新書（1998年）
里見宏・立川涼・伊藤和明監修『総合学習に役立つ心・からだ・生命を考える本　身近にひそむ　環境
　ホルモン・ダイオキシン』金の星社（1999年）

● 著者紹介

佐々木 瑞枝（ささき みずえ） | 武蔵野大学名誉教授・金沢工業大学客員教授。朝日イブニングニュース・コラムニスト、山口大学教授、横浜国立大学教授、武蔵野大学・大学院教授を経て現職。著書に『会話のにほんご』（ジャパンタイムズ）、『外国語としての日本語』（講談社現代新書）、『実践日本語教育を学ぶ人のために』（世界思想社）、『日本語ジェンダー辞典』（東京堂出版）、『日本語を「外」から見る』『日本語教師になりたいあなたへ』（小学館）ほか多数。また、「大仏様は『にっこり』しています」「春の郊外電車」「雪やこんこ、あられやこんこ」（中学校国語教科書・光村図書）、「『くれる』と『もらう』」（高等学校国語教科書「新国語I」三省堂）など、文部科学省検定教科書にも多数書き下ろしている。

村澤 慶昭（むらさわ よしあき） | 武蔵野大学・大学院准教授、國學院大學兼任講師、東京音楽大学非常勤講師、四谷進学教室講師。共著として『にほんご90日』シリーズ（ユニコム）、『日本語パワーアップ総合問題集＜レベルA〜C＞』（ジャパンタイムズ）、『日本語テストステップアップ問題集』シリーズ（アルク）、『完全マスター1級 日本語能力試験読解問題対策』（スリーエーネットワーク）、『季節で学ぶ日本語』（アルク）などがある。

細井 和代（ほそい かずよ） | 神田外語大学留学生別科非常勤講師。共著として『日本語パワーアップ総合問題集＜レベルA〜C＞』『大学で学ぶための日本語ライティング』『新・日本留学試験実戦問題集＜記述＞』（ジャパンタイムズ）、『日本語表現ハンドブックシリーズ(2)すぐに使える上級動詞』（アルク）などがある。

藤尾 喜代子（ふじお きよこ） | 成蹊学園国際教育センター非常勤講師、長沼スクール東京日本語学校非常勤教員。共著として『日本語パワーアップ総合問題集＜レベルA〜C＞』『大学で学ぶための日本語ライティング』『新・日本留学試験実戦問題集＜記述＞』（ジャパンタイムズ）、『日本語表現ハンドブックシリーズ(2)すぐに使える上級動詞』（アルク）、『1回で合格！日本語能力試験N1文法対策』（高橋書店）などがある。

大学で学ぶための
アカデミック・ジャパニーズ

解答 — 2

CDスクリプト — 12

教師の方へ — 25

解 答

第1課

I.

1.

時限＼曜日	1	2	3	4	5
月	日本語	認知と知識		身体の科学	研究の方法
火	異文化間教育		情報社会論	自然文化論	
水	日本語	情報処理演習	環境学概論	情報科学	
木	教養演習	日本事情		国家と市民	
金	フランス語Ⅰ	経済学概論	スポーツ		
土	フランス語Ⅱ				

2. ①8 ②4 ③16 ④6 ⑤0 ⑥0 ⑦4 ⑧38

II.

1. ①出願資格等（しゅつがんしかくとう）②直接（ちょくせつ）③民間奨学金等申込書の記入について（みんかんしょうがくきんとうもうしこみしょのきにゅうについて）④写し（うつし）⑤賃貸借契約書（ちんたいしゃくけいやくしょ）⑥所得に関する証明書の写し（しょとくにかんするしょうめいしょのうつし）

2. ①学部1年生 ②中国 ③24歳

3. 私費外国人留学生学習奨励費──¥50,000 友好国際交流奨学金──¥70,000 国際交流協会奨学金──¥60,000

第2課

I.

A. ①おおがたほったてばしらたてものあと ②どき ③どぐう ④おおがたたてあなじゅうきょあと ⑤ヒスイ ⑥たてあなじゅうきょ ⑦しっき

B. 1.（地図の青森市［青森県の中の・］に丸をつける） **2.**（年表のB.C. 3500年からB.C. 2000年の間） **3.** ①大きい ②35 ③長い ④1500 ⑤多い ⑥850 ⑦800 ⑧100 ⑨100 ⑩880 ⑪4万 **4.** ①（高度な）建築 ②加工 ③栽培 ④計画的（な）⑤生産 ⑥交易

C. ①が・栽培されていた／を・栽培していた ②が・配置されていた／を・配置していた ③が・行われていた／を・行っていた ④が・行われていた／を・行っていた ⑤が・解明されてきた／を・解明することができる

II.

A.〔解答例〕①すごく原始的／狩りをして、貝や木の実を集めて、竪穴住居の小さな集落で生活していた／など ②高度な建築技術を持っていて施設を計画的に配置した集落を作ったり、食料を栽培したり、遠方との交易で手に入れたヒスイなどを加工したりと、今までの歴史の教科書に書かれていた縄文時代のイメージからは考えられないくらい進んだ社会だったっていうことが証明されてきたのよ。

B.（略）

III.

A. ①× ②× ③○ ④○ ⑤○ ⑥×

B. ①気候変動 ②寒冷化 ③助け合い食料を集める ④栽培 ⑤貯蔵 ⑥森林破壊 ⑦崩壊

第3課

I.

A. 1. ①不活発 ②小 ③クリ ④活発 ⑤大 **2.** ①不活発 ②小 ③クリ ④活発 ⑤大 ⑥クルミ（オニグルミ）⑦クリ ⑧活発 ⑨大

B. ①都市 ②温暖 ③○ ④× ⑤管理 ⑥少なかった ⑦寒冷 ⑧トイレの跡 ⑨水洗トイレ ⑩民族 ⑪人類 ⑫心理

II.

A. ①考えてるんだけど ②相談に乗ってくれない ③先生が話してた ④わかんなくって ⑤なんてどう ⑥時間を取ってくれてありがとう

B.〔解答例〕①考えているのですが ②相談に乗っていただけませんか ③先生がお話しになっていた／話されていた ④わからないのですが、アドバイスをいただけますか ⑤について書こうかと思うのですが、どうでしょうか ⑥お忙しいところ、お時間を割いていただきありがとうございました

C. 1. ①ア ②イ ③ケ、ス ④オ ⑤コ、チ ⑥ウ、エ、カ、キ、ク、ソ、タ ⑦サ、シ、セ **2.**〔解答例〕著者名で検索する／本の巻末にある参考文献から探す／書架で同じ分類にある本の中から探す／インターネットで新聞記事のキーワードや人名で探す／など

D. ①自然の恵み ②増殖 ③出産 ④自然の恵み ⑤人が頻繁に動く ⑥母系 ⑦女 ⑧男 ⑨女性 ⑩女性

E. ①土偶 ②母系 ③製作者（つくり手）

第4課

I.
①大学の掲示板とこ　②ひょっとして　③先週言ってたっけ　④ちょこっと　⑤聞き逃さないから　⑥休講出てる　⑦経営学特講　⑧それだけみたい　⑨授業料納入　⑩教務の掲示　⑪ポスター　⑫短期のやつ　⑬家庭教師ばっかり　⑭免許　⑮ポスター　⑯いくらか書いてある　⑰ただポスターが貼ってあるだけ　⑱電話番号　⑲書いておいて　⑳それじゃあね

II.
①30　②昼休み　③交付所要日数　④あさって　⑤5　⑥日　⑦日　⑧月　⑨土日　⑩火

III.
〔解答例〕①ちょっとよろしいでしょうか　②国際経営学部2年の○○と申します。△△からの留学生です　③「異文化間コミュニケーション論」の授業　④参りました　⑤優先受講条件　⑥満たしていなければならない　⑦興味　⑧意欲　⑨出席　⑩「異文化間理解概論」　⑪貿易関係の仕事をしたいと思っていますので、この授業はきっと必要だと思いますし、ぜひ受けたいと思います　⑫受講を認めましょう

IV.
①7月30日、8月3日　②八丈島　③八丈ゆーとぴあIランド　④04996-0-1234　⑤2万　⑥交通費、宿泊費、朝食代　⑦30　⑧募集人員に達し次第、締め切り　⑨YS国際交流友の会　⑩03-4567-8888　⑪只野

第5課

I.
A.　①カ　②イ　③エ　④キ　⑤ク　⑥ア　⑦オ　⑧ウ
B.　①メンデル　②遺伝の法則　③1944　④エイブリー　⑤遺伝情報　⑥1953　⑦ワトソン、クリック　⑧ニーレンバーグ　⑨解読　⑩解読　⑪90　⑫配列　⑬チミン　⑭グアニン　⑮シトシン　⑯病気の診断　⑰がん治療　⑱体質　⑲環境　⑳予防　㉑平均寿命
C.　(ア)1944年にエイブリーが遺伝情報を伝える物質がDNAであることを発見した。　(イ)1953年にワトソンとクリックがDNAの二重らせん構造を明らかにした。　(ウ)1960年半ばにニーレンバーグ他が遺伝暗号を解読した。　(エ)2000年にヒトゲノムの90%を解読した。　(オ)2010年に遺伝情報による病気の診断が拡大する。　(カ)2020年に分子を標的としたがん治療が可能になる。　(キ)2030年に個人の体質や環境に応じた病気の治療が普及する。平均寿命が90歳に伸びる。
D.　①アデニン　②グアニン　③リン酸　④ヒストン　⑤タンパク質　⑥染色体　⑦23、46

II.
A.　**1.**　①(4)—イネの遺伝子情報の解読を終えた。(20)—公的機関と民間企業が共同で遺伝子組み換え食物を次々と開発している。　②(5)—死んだ牛の凍結した皮膚細胞を使ってクローンを誕生させた。　③(10)—移植用の臓器不足の解消のために万能細胞の研究を容認した。　④(14)—遺伝子を操作することによって、通常より優れた天才マウスを作ることに成功した。　⑤(11)—遺伝子を操作することによって通常より長生きするマウスを作った。　(16)—老化をおさえる遺伝子を発見した。
2.　**(1)**〔解答例〕①病気で重度の障害者になった人が保険金支払いを請求したが、保険会社は保険の支払いを拒否した。この人が遺伝子診断によって遺伝性の病気だ診断されていたことから、病気が保険加入前からわかっていたことを保険会社は支払拒否の理由にした。　②献血した人1000人分の血液を、本人には無断で解析し研究に使った。　**(2)** 本人が知らないうちに献血・健康診断などの血液の遺伝子解析が行われ、その情報が保険会社や職場や学校などの手にわたる可能性がある。さらに、その情報がもとで保険加入を拒否される、就職できない、入学拒否されるなどの可能性が考えられる。
B.　**1.**　①生命の設計図　②肌や目の色、体の大きさ　③受け継がれる　④遺伝子操作　⑤生物の性質を思いのままに変える　⑥有用な生物　⑦生産コスト　⑧発展途上国でも大量生産できる　⑨死んでしまった　⑩殺人ウイルス
2.〔解答例〕人間は昔から動物や植物などの生物を衣食住などに利用して生活してきた。生物の遺伝子情報が解明され、遺伝子を操作することが可能になってくると、人間にとって都合の悪い性質をなくしたり、都合のよい性質を多く持った生物を作ることも不可能ではなくなった。それは、人間にとって恩恵をもたらすことも多いだろうが、遺伝子操作によって予想もつかないできごとが起こることもあり、その結果が逆に人間に害をもたらすこともありうるのである。遺伝子操作による生物改造は、益だけではなく害がある可能性もあることを、「"スーパー羊"光と影」は象徴している。
3.（略）

III.

〔解答例〕①環境破壊で滅びた生物を復活させることができる　②生態系を乱す　③働く時間や人生を楽しむ時間が増える　④高齢化が一層進む　⑤安く大量に薬が作れる　⑥その薬によって新しい病気が生まれる可能性がある　⑦自分の体質にあっているのでよく効く、副作用がない　⑧費用がかかることによって薬を使える人と使えない人が出る　⑨他人の臓器提供を待たなくてよい　⑩費用がかかることによって、できる人とできない人が出てくる　⑪食糧難や栄養不足が解決する　⑫安全性に不安がある　⑬天候に影響されず安定して作物が得られる　⑭安全性に不安がある　⑮重い病気で苦しむ子供が減る　⑯人に優劣をつけることになる　⑰病気を早期発見したり予防を心がけることができる　⑱仕事や保険などで差別される恐れがある

第6課

I.

A.　1.　①ある種の糖尿病　②がん、高血圧　③けが、事故
2.　①○　②×　③×　④×　⑤○
3.　①アルコール依存になるのは遺伝の影響もあるが、男性に比べて環境の影響が大きい。②アルコール依存になるのは女性ほど環境には影響されず、遺伝の影響が大きい。
4.　〔解答例〕Aさんは遺伝子診断で高血圧に関係した病気になりやすいという結果が出た。しかし高血圧は遺伝だけでなく、環境の影響も大きいから、生活習慣を改善して病気になるのを予防するように努めることができた。もし、遺伝子診断を受けなかったら病気になるような生活習慣を続けていただろうから、親と同様の病気になる確率が高かったことを考えると、遺伝子診断で要注意と言われたのはよかった。
B.　①出生前診断　②52億円　③障害者が生まれた後にかかるはずだった社会保障費と検査のコスト　④優生学　⑤人の遺伝に手を加えることによって人類の質を上げることができるという思想　⑥ゴールトン　⑦断種　⑧男…192人　女…243人

II.

A.　①1　②2、3　③1　④2、3　⑤1、2　⑥2　⑦2　⑧3
B.　(a) 人工臓器研究の現在　(b) 日本における「ヒトゲノム計画」の実態　(c) 優生学は社会にどう現れてきたか　①サ　②カ、テ　③ク、シ　④セ、チ　⑤ア　⑥ス　⑦ツ　⑧イ、ソ、タ

C.

1.　〔解答例〕**第1段落：**人間の遺伝子を操作できるようになると、障害児を生まないようにするというようなことが起こる。**第2段落：**人間には多様性のある遺伝子プールが必要である。また、遺伝子は突然変異を起こすし、誰でもいくつかの劣性病因遺伝子を持っているから障害児は絶えることがない。**第3段落：**人間は遺伝子を選べないし、遺伝子に突然変異が起こるかどうかはチャンスの問題である。**第4段落：**障害をもって生まれた人は「私」の代わりに病気の遺伝子を受け取った人である。**第5段落：**ヒトゲノムの解読のもたらした答えは、福祉を充実しなさいということである。
2.　〔解答例〕遺伝子は突然変異を起こすから障害児は絶えることがない。また、障害を持って生まれた人は、偶然「私」の代わりに病気の遺伝子を受け取ってくれた人であるといえる。したがって福祉を充実させなければならない。

III.　(略)

第7課

I.

1.　①クイズ大会　②ライブ　③演劇　④シンポジウム　⑤写真　⑥手話　⑦ギター　⑧華道　⑨茶道　⑩ゼミ研究　**2.**　①4号館　②テントC　③2号館　④広場　⑤テントH

II.

A.　1.　①内容　②場所　③受付　④場所決め　⑤借用　⑥購入　⑦保健所　⑧総会　**2.**　①○　②×　③×　④○　⑤×
B.　①山田・鈴木　②田中・佐藤　③世界で認められている、翻訳で小説を読んだことがある留学生もいる　④言葉も内容も難しい、小説の「羅生門」と内容が違う、白黒なので大学祭で上映するには地味　⑤アジアの映画
C.　①企画受付書、受付料、保証金、暗幕・イス・スクリーンの借用申込書　②場所決め会議、総会（3回）、最終総会　③映写機、映画フィルム　④〔解答例〕パンフレットやアンケートの作成、照明器具のチェックなど
D.　1.　〔解答例〕○○大学映画研究会の田中と申しますが、大学祭で映画を上映するために映写機を1台（「JSA」のフィルムを）お借りしたいのですが。上映は11月2日、午前11時からなので、2日の朝8時半ぐらいに受け取って、夕方にはお返しするようにしたいのですが、大丈夫でしょうか。それから、費用がどのくらいかかるかも教えていただきたいんですが。　**2.**　(略)
E.　(略)

F. 〔解答例〕

映画についてのアンケート

　来年の大学祭での映画上映をよりよいものにするため、アンケートにご協力ください。

☆今日の映画はどうでしたか(○をつけてください)。
　　とてもよかった　　よかった　　よくなかった

☆それはどうしてですか。

☆来年の大学祭で上映してほしい映画がありましたらお書きください。

　ご協力ありがとうございました。

○○大学映画研究会

G. （略）

H. 〔解答例〕皆さん、今日は本当にお疲れ様でした。全員のチームワークで上映も予定通りに進んだし、観客も多かったし、すばらしい上映会でした。簡単に収支報告をさせてもらいますと、収入は入場料300円×約300枚で約9万円、支出は映写機とフィルム借用料、受付料その他で計約6万円でした。詳しくは後日会計さんに報告してもらいますが、利益の約3万円は今後の活動費にあてたいと思います。これからもさらに活発な活動をして、来年の大学祭にもぜひまた参加しましょう。自主制作の映画なんか撮れると最高ですけどね。3万円じゃ無理でしょうか。まあ、とにかく今日は、思いっきり食べて、飲んで楽しみましょう。

第8課

I.

1. 〔解答例〕①購入 (or) 借入れ　②住宅の持ち家志向　③賃貸住宅の未発達　④住宅売買の取引費用がけっこう高い　⑤遺産を残す　⑥持ち家による帰属家賃への課税がない　⑦家賃には課税されていない　⑧住宅を遺産として残す　⑨土地神話が強い　⑩キャピタル・ゲイン　⑪借地借家法の存在　⑫かつては農家や商家などの自営業が中心　⑬社宅や公務員住宅が整備されていた　⑭住宅に占める持ち家の比率が高い　⑮借家市場の発達　⑯税制上の対策や住宅における規制緩和

2. 〔解答例〕①持ち家　②郊外の庭付き一軒家　③数多くを準備できない　④狭い国土　⑤山岳

地の多さ　⑥都市部への人口集中　⑦マンションの需要　⑧人口の分散化　⑨住宅の質への選好　⑩国の諸活動の拠点をどこにもっていくかという選択

II.

1	男	21歳	学生	Y	一軒家	男だから
2	男	22歳	学生	Y	一軒家	実家が一軒家、年をとったらマンションは×
3	女	23歳	ＯＬ	Y	集合住宅	憧れ、眺めがいい
4	男	25歳	院生	Y	集合住宅	便利だから
5	女	18歳	学生	N		いろいろな国を旅したいから
6	女	20歳	学生	N		ローン地獄より好きなことにお金を使いたい
7	男	21歳	学生	Y	一軒家	将来親と住むから
8	女	17歳	高校生	N		まだわからない
9	女	28歳	ブティック店長	Y	集合住宅	いいマンションに住むのが夢
10	男	25歳	不動産	Y	一軒家	年をとったらのんびり暮らしたいから

＜まとめ＞ ①7　②4　③3　④男だから、実家が一軒家、年をとったらマンションは×、将来親と住むから、年をとったらのんびり暮らしたいから　⑤憧れ、眺めがいい、便利だから、いいマンションに住むのが夢　⑥いろいろな国を旅したいから、ローン地獄より好きなことにお金を使いたい、まだわからない

III.

①住宅の持ち家志向　②賃貸住宅の未発達　③住宅売買の取引費用が高い　④遺産を残すため　⑤税制上有利　⑥土地の値上がり益（キャピタル・ゲイン）　⑦借地借家法　⑧自営業　⑨持ち家　⑩社宅や公務員住宅　⑪民間賃貸住宅　⑫住宅に占める持ち家の比率（が高い）＋賃貸の住宅市場（が未発達）　⑬借家市場の発達　⑭借家、賃貸住宅　⑮借地借家法　⑯バブルの崩壊　⑰労働者に占める雇用者の比率　⑱核家族化　⑲借家市場　⑳規制緩和　㉑「郊外の庭付き一軒家」＝日本人の夢　㉒狭い国土、山岳地（が多い）　㉓都市部　㉔一軒家志向　㉕集合住宅の需要　㉖人口の分散化　㉗一軒家志向　㉘国民全体　㉙集合住宅に満足　㉚個人の住宅の質　㉛いろいろな国を旅したいから　㉜ローン地獄より好きなことにお金を使いたい　㉝まだわからない　㉞男だから　㉟実家が一軒家、年を取ったらマンションは×　㊱将来親と住むから　㊲年をとったらのんびり暮らしたいから　㊳憧れ、眺めがいい　㊴便利だから　㊵いいマンションに住むのが夢　㊶（略）　㊷（略）

I.

1. ①インターネットコマース（Eコマース）
②B (to) C　③B (to) B　④接続　⑤関連
2. ①TCP/IP (Transmission Control Protocol/
Internet Protocol) を利用したコンピューターネッ
トワーク上での商取引及びそのネットワーク構
築や商取引に関わる事業　②インターネットに
よる財やサービスの受発注を行う　③バーチャ
ル・モール（virtual mall）、サイバー・モール
（cyber mall）　④B to C（Business to Consumer）
⑤B to B（Business to Business）　**3.** ①アマゾ
ン・ドット・コム　②1600　③直接販売　④中
間流通業者　⑤中間コスト　⑥消費者からの直
接注文による受注生産　⑦在庫管理コスト　⑧
新商品開発（と）販売・供給　⑨生産者　⑩仕様
製品　⑪安い価格　⑫デルコンピュータ社（Dell
Computer）　⑬日本法人デルコンピュータ　⑭エ
プソンダイレクト社　⑮ゼネラル・エレクトリ
ック社（GE：General Electric Co.）　⑯アサヒビ
ール　⑰ミスミ

II.

A. ①インターネットビジネスの概要を述べ、供
給者、消費者おのおのの立場からメリットをあ
げ、その理由を説明せよ。②インターネット取
引市場　③インターネットコマース（Eコマース）
④B to C　⑤B to B　⑥インターネット普及で
直接影響の市場　⑦インターネット接続ビジネ
ス　⑧インターネット関連ビジネス　⑨アマゾ
ン　⑩書籍、ビデオ、玩具、ゲーム、家電製品
⑪1600　⑫直接販売　⑬中間流通業者　⑭中間
コスト　⑮在庫管理コスト　⑯新商品開発（と）
販売・供給　⑰デルコンピュータ社（Dell
Computer）　⑱日本法人デルコンピュータ　⑲エ
プソンダイレクト社　⑳ゼネラル・エレクトリ
ック社（GE：General Electric Co.）　㉑アサヒビ
ール　㉒ミスミ
B. ①書籍、パソコン、音楽CD、衣料、食品、
ギフト、玩具、オフィス用品、イベント、オン
ライントレード、オンラインスーパー　②自動
車、旅行、不動産、金融、就職　③オークショ
ン、共同購入、価格比較　④サーチエンジン、
ニュースサイト、専門情報サイト、無料メール
サービス　⑤オンラインマガジン、メールニュ
ース、データベースサービス、オンデマンド・
サービス
C.〔解答例〕①最近では、ニュースやテレビコ
マーシャルなどでも、盛んに、「eビジネス」だと
か、「IT」だとかいった言葉を耳にするようにな

りました。
②「インターネットビジネスの概要を述べ、供
給者、消費者おのおのの立場からメリットをあ
げ、その理由を説明せよ。」というものでしたの
で、最近のIT関連のビジネスも例に挙げながら、
私たちが考えたビジネスプラン等（について発表
したいと思います。）
③郵政省『平成11年度通信白書』によると、
「TCP/IP、すなわち Transmission Control Protocol/
Internet Protocol) を利用したコンピューターネッ
トワーク上での商取引及びそのネットワーク構
築や商取引に関わる事業」を指します。この図
は、その概念を表しています。まず、インター
ネットビジネスは、インターネットコマース、
またはエレクトロニクスコマース、略して EC、
すなわち「電子商取引」と、インターネット接
続ビジネス、及びインターネット関連ビジネス
の２つに分類して考えられます。インターネッ
トコマースは、インターネットによる財やサー
ビスの受発注を行う商取引です。消費者は、イ
ンターネットによる通信販売で、インターネッ
ト上のホームページに設けられたバーチャル・
モールやサイバー・モールといわれる仮想商店
街に自由にアクセスして商品を探し、購入をす
ることができます。なお、このECには、企業－
消費者間の取引であるB to C市場と、企業間取引
であるB to B市場があります。
④アメリカの例で見てみましょう。インターネ
ットビジネスの巨大市場を形成した企業に「ア
マゾン・ドット・コム」があります。このイン
ターネット企業は、現在書籍のほかに、ビデオ、
玩具、ゲーム、家電製品等、1600万件の商品を
取り扱っています。ECは、バーチャル上の商取
引であるために店舗が不要であり、生産者が直
接消費者に商品販売が可能です。このような直
接販売方式は、従来の中間流通業者を排除する
ことから、中間コストを削減するとともに、消
費者から直接注文による受注生産、すなわち
BTO、Built To Order を可能にしました。これに
より、生産者は、供給に対応できる最小限の在
庫ですむため、在庫管理コストの大幅な削減が
可能となり、消費者が必要とする新商品開発と
販売・供給に、十分注力することができるよう
になっています。このBTOによる直接販売方式、
B to C の事例としては、アメリカのデルコンピ
ュータ社が有名です。この会社の製品は、流通
経路の節減などインターネットのもつメリット
により、競合企業の製品価格に比較して10～
15％程度安く、インターネットによるBTO販売
は成功しました。これを受けて、日本でも、日

本法人デルコンピュータやエプソンダイレクト社等がパソコンを中心にBTO販売を導入していますが、小売店への流通系列化が確立している現状から、既存の流通経路を無視した直接販売方式の導入には、問題も多く、また多くの時間を必要とする現状もあります。

企業間取引、B to B 市場の例としては、アメリカのゼネラル・エレクトリック社や、日本のアサヒビール、ミスミなどの企業があります。
⑤最も代表的なのが「オンラインショッピング」です。これは「販売料」が中心になります。取り扱う商品は、「書籍、パソコン、音楽CD、衣料、食品、ギフト、玩具、オフィス用品」のほかに、「イベント」や「オンライントレード、オンラインスーパー」が含まれます。

次に、「会費」と「手数料」で成り立っているのが、「自動車、旅行、不動産、金融、就職」などを扱う「情報仲介」や、「オークション、共同購入、価格比較」などの「購買支援」です。そのほかに、「広告料」が主な収入源の「無料サービス」や「有料情報サービス」があります。
⑥ chatter-box.com ⑦携帯電話 ⑧バナー広告
⑨コンテンツ ⑩ i モードの一般サイト数 ⑪ chatter-box.com ⑫コンテンツ ⑬登録 ⑭バナー広告の広告料 ⑮ IT環境の整備 ⑯ネットバブル ⑰マルチプラットフォーム時代 ⑱ビジネスモデルの再構築 ⑲危機管理

第10課

I.
〔解答例〕 ①あの、すみません。○○学部○年の○○ですが、今から始まる教養科目の試験に学生証が必要なんですが、忘れてしまって。至急、仮の学生証を発行していただきたいんですが、お願いできますか。
②すみません。キーホルダーをなくしてしまったんですが、届いていないでしょうか。ひし形で、中に丸くコアラの絵が入っていて、自転車と部屋のかぎがついています。もし、落とし物として届きましたら連絡をいただけますか。電話番号は○○−○○○○、○○学部○年の○○です。よろしくお願いします。
③あの、すみません。お話があるんですが、今よろしいでしょうか。実は今日の試験、事故で電車が遅れて受けられませんでした。今までほとんど欠席もしていませんし、どうしても必要な単位なので、追試かレポートで評価していただけないかと思ってご相談にうかがいました。
④失礼します。レポートのことでお願いがあってうかがったんですが、お忙しいですか。先週

必要な資料を図書館で探しましたが、貸し出し中だったものが何冊かあって、今日やっと全部そろいました。レポートの締め切りは金曜日ですが、これから読む分も含めてまとめるにはもう少し時間がかかると思いますので、来週の月曜日まで待っていただけないでしょうか。
⑤もしもし、××先生のお宅ですか。ゼミでお世話になっている○○と申しますが、先生はご在宅でしょうか。…あ、先生ですか。こんにちは。実は次のゼミのことなんですが、私が発表の担当なのですが、国から母が来るので休まなければなりません。それで、発表を△△さんに代わってもらってもよろしいでしょうか。△△さんにはもう了解はとってあります。
⑥掲示板のアシスタント募集の貼り紙を見て参りました。私はパソコンには自信がありますので、ぜひやらせていただきたいのですが、週何回とか、1日何時間ぐらいとかという具体的なことが書いてありませんでしたので、お聞きしたいと思いまして。午後3時過ぎでしたら、たいていの日は大丈夫ですので、よろしくお願いします。

II.
A. 〔解答例〕 ① （ア）薬を飲ませ、頭やリンパ腺を冷やして様子をみる／夜間診療をしている病院を探して連れていく／など （イ）タウンページで調べる／知り合いに電話をして聞く／市や県の救急医療情報案内に電話をして聞く／など
② （ア）自転車を近くの家に預かってもらい、タクシーで病院に行く／近くにいる人に頼んで救急車を呼んでもらう／など （イ）住んでいる市役所や区役所の国民健康保険課に外国人登録証明書を持っていって「国保加入申請書」を提出し、保険料を支払えば、保険証が交付される
③ （ア）水道の元栓がある場合は、それを締める／修理業者に連絡して来てもらう／など （イ）大家さんか仲介の不動産業者を通して連絡してもらう／市役所などで公認の修理業者を聞く／タウンページで調べる／など （ウ）費用／すぐに来られるか／など
B. **1.** 〔解答例〕①近所の人に聞く／市役所などからの情報を得る（電話で聞く、直接行って聞く、パンフレットをもらう）／など ②近所の人に聞く／市役所などからの情報を得る（電話で聞く、直接行って聞く、パンフレットをもらう）／など
2. （略）

III.
A. （1）①学生証 ②9:00 ③9:45 ④9:00

⑤4:30　⑥9:00　⑦5:00　⑧休み　⑨5　⑩2
週間　⑪10　⑫1か月　⑬15　⑭2か月　⑮2
⑯25　⑰本を調べたりインターネットにアクセ
スしたり　⑱3　（2）①利用カード　②9:30
③7:30　④9:30　⑤5:00　⑥何冊でも　⑦15
⑧5　⑨15　⑩2　⑪8　⑫お酒　⑬ペット
⑭大きな荷物　⑮携帯電話
B. ①夜遅く（9:45 p.m.）　②土曜、日曜、祝日
③長期間　④何冊でも　⑤コンピューター　⑥
留学生用図書コーナー　⑦CD・カセットテープ
⑧ビデオテープ
C.〔解答例〕**1.** 大学の施設（留学生センター、
生協、学生食堂など）、公営の施設（グランド、
体育館、プール、テニスコート、宿泊施設、市
民会館、公民館、交流館など）　**2.** 市などが発
行しているガイドブックやパンフレットで情報
を得る、決まりを守る、他の利用者との交流を
図る、など

IV.
①03-3946-7565　②03-3359-5997　③045-453-
3673　④03-3581-2302

第11課

I.

A.〔解答例〕

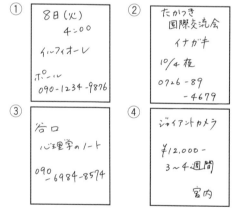

B.〔解答例〕①○○です。土曜日に映画を見に
行くのをほかの日に変えられないかと思って電
話しました。帰ったら電話をください。②萩原
ゼミの○○ですが、連絡網がまわってきました。
あしたのゼミは授業の10分前に図書館1階ロビ
ーに発表用の文献リストを持って集まってくだ
さい。ゼミ終了後、先生も一緒に食事をしなが
ら発表の相談をします。次の人へは私が連絡し
ておきます。　③経済理論Ⅰをとっている○○
です。あさっての4時半にうかがうお約束なの
ですが、奨学金の面接の時間が4時からになっ
てしまいました。時間を変えていただきたいの

ですが、ご都合をうかがいたくてお電話しまし
た。またのちほどお電話します。よろしくお願
いいたします。

II.

A.〔解答例〕①天文部の斎藤さんか佐藤さんと
いう人に電話してください。番号は0926-74-9866
です。　②バンカラマン君、緊急の会議に出席し
なければならなくなりました。自宅のほうにE
メールしてください。浜口　③6時から9時ま
での間に荷物が着くことになっているが、急用
で外出しなくてはならなくなったので、すまな
いが受け取っておいてほしい。耕平　④キャロ
ルへ、クッキーを初めて作ったんだけど作りす
ぎちゃった。食べきれないので少しもらってく
れない。美紀

B.〔解答例〕①ひまわり園の見学に先生の紹介
状が必要なので書いていただきたいのですが。
改めてのちほどお電話します。②京都に旅行に
行ってきました。おみやげを買ってまいりまし
たが、いらっしゃらないのでドアのところにか
けておきます。どうぞ召し上がってください。
③先週締め切りの先生のレポートが提出期限に
間に合わなくて申し訳ありませんでした。前か
ら準備していたのですが、国から家族が急に日
本に来たので、まとめられませんでした。至急
書き上げて提出いたします。④きのうはゼミで
発表する予定だったのですが、急に具合が悪く
なり、ご連絡もせずに欠席してしまい、申し訳
ありませんでした。

III.

A.〔解答例〕
宛先：ikekazuko@yuuhi-net.or.jp
件名：親睦会の返事
＜出席の場合＞
池田和子様
幹事さん、ご苦労様です。
30日の親睦会に出席しますので、
よろしくお願いします。楽しみにしています。
○○○○（自分の名前）
＜欠席の場合＞
池田和子様
池田さん、幹事役ありがとうございます。
あいにく30日は、前からの予定が入っていて
出席することができません。
とても残念ですが、次回はぜひ出席したいと思
います。
皆さんによろしくお伝えください。
○○○○（自分の名前）

B. 〔解答例〕
件名：高尾山ハイキングのお知らせ
手話サークルの皆さん
紅葉を楽しみに高尾山に行きませんか。
日時　　　11月23日（土）
集合時間　7時40分（7時48分発の高尾山口行
　　　　　きに乗ります）
集合場所　京王線新宿駅3番線ホーム最後部
持ち物　　弁当、飲み物、お菓子、雨具
参加したい人は11月16日（土）までに○○までメー
ルで知らせてください。
○○○○（自分の名前）
C. （略）

IV.
A. 〔解答例〕　①今、ちょっとよろしいでしょう
か　②失礼します　③お願いがあってうかがい
ました　④それで、先生に書いていただけない
かと思いまして　⑤提出しなければならないん
です　⑥お忙しいところ申し訳ありませんが、
どうしても必要なものですから　⑦はい、本当
に申し訳ありません　⑧ありがとうございます
⑨いらっしゃいますか　⑩はい、できるだけ早
くうかがいます。ご無理を言って申し訳ありま
せん。よろしくお願いします
B.　①文化祭のときご一緒だった　②ぜんぜん
お会いしませんね　③毎日忙しくしています
④わざわざ電話してきたりして　⑤実は先輩に
ちょっとお願いしたいことがありまして　⑥先
輩のノートをお借りできないかと思って　⑦先
生の字はちょっと読みにくくって　⑧わかりや
すいって評判ですよ　⑨そこを何とか　⑩助か
ります
C. （略）

第12課
I.
A.　①エ・カ　②オ・コ　③ウ・ケ　④イ・ク
⑤ア・キ
B.　①自動販売機　②ペットボトル　③びん
④デポジット　⑤20　⑥かご　⑦小さい容器
⑧バケツ一杯　⑨洗濯機　⑩牛乳　⑪新聞紙
⑫なべ
C. （略）

II.
A. 〔解答例〕　質問1：日本とドイツで行ったア
ンケートの結果があります。それによると、使
い捨て容器に入った飲み物の購入を控えるとい
う人が、ドイツでは80％以上なのに対して、日本
では半数以上の人が特に控えていないと答えて
います。また、プラスチックトレイの使われて
いない食品を選ぶという人は、ドイツでは70％以
上なのに対して、日本では70％ぐらいの人が実行
していないと答えています。このようにドイツ
では日本に比べてずっと多くの人が、買い物を
するときに、ゴミが出ないような商品を選んで
いるわけです。
質問2：非常におもしろい調査の結果がありま
す。地球環境問題が今後10年のうちに深刻化する
と思うかという問いを日本人とドイツ人にした
アンケートがあります。なんとどの年齢層にお
いても、日本人のほうがドイツ人の倍近く「そ
う思う」、つまり深刻化する、と考えているので
す。危機感に関してはむしろ日本人のほうが高
いといえるのですが、実行となるとドイツ人の
ほうが上ということです。
質問3：たしかドイツでは焼却場が少なかった
と思うのですが、今日はあいにくデータを持ち
合わせておりません。
B. （略）

III.　**A.** （略）　**B.** （略）

第13課
I.
①参加者に公平に発言の機会を与える　②時間
の配分に気をつける　③問題点にしぼって発言
する　④人の意見を尊重する

II.
A.　①それでは、これから討論を始めます　②
今日は、フリーターについて話し合いたいと思
います　③では、小林さん、お願いします　④
私も同感です　⑤私はそれには賛成できません
⑥どうしてか説明していただけますか　⑦それ
から付け加えたいのですが　⑧話が本題からは
ずれてきたようなので、もとにもどします　⑨
石井さん、この点についてどうお考えですか
⑩今の発言に関係があるのですが
B. （ア）これから討論を始めます。（イ）～につ
いて話し合いたいと思います。（ウ）～さん、お
願いします。（エ）～さん、この点についてどう
お考えですか。（オ）話が本題からはずれてきた
ようなので、もとにもどします。（カ）私も同感
です。（キ）それには賛成できません。（ク）ど
うしてか説明していただけますか。（ケ）付け加
えたいのですが（コ）今の発言に関係があるので
すが

III.
A. 〔解答例〕①女性の賃金は男性の賃金に比べ

て著しく低い。②他の国のグラフが台形を描いているのに対し、日本のグラフはM型を描いている。25歳から44歳の間、仕事を中断する人がいる。③仕事を中断している女性のほとんどが、今すぐに、または今は働けないがそのうち、働きたいと思っている。④家事・子供の世話・親の世話などを妻一人が担っている家庭が多い。特に家事に関しては、90％近い家庭で妻一人の分担となっている。⑤仕事の内容と勤務時間帯の都合のよさを重視しているのに対し、給与はあまり問題にしていない。

B. （略）

IV. （略）

第14課

I.
①ウ　②ウ　③ア　④イ　⑤対立　⑥結論　⑦専門　⑧多角

II.
A.〔解答例〕1. **食生活**　①主食は木の実（ドングリなど）／煮込み料理（土器を使って）／魚、小動物、野草／など　②短時間で食物を獲得できるので自由時間が多い／新鮮、ヘルシー、栄養のバランスがよい　③記述なし　④肉食中心／グルメ／ジャンクフード／栄養の偏り／など　⑤食材や調理法が豊富　⑥栄養の偏り／飽食／残った食べ物を無駄に捨てている／など　2. **ファッション**　①耳飾り、腕輪、首飾り、タトゥ、抜歯など／飾りこみの美　②ファッションセンスが優れていた／美を追求していた　③記述なし　④個性的／ブランド志向／流行の変化が激しい　⑤選択肢が豊富／自由　⑥流行に流されやすい／自分で選んでいるように見えて実は選ばされている　3. **社会生活**　①核家族が寄り集まっていた　②個人の自由が認められ、困ったことがあると助け合う／ストレスがない　③記述なし　④核家族／競争社会　⑤自由　⑥ストレスが多い／個人主義／他者への優しさが少なくなった（いじめ、少年犯罪、など）

B. （略）

III.
A.　①診断・治療　②寿命　③生命や生き方　④医療技術　⑤体外　⑥遺伝子　⑦移植　⑧植物　⑨倫理観　⑩状態の悪いものを普通にする　⑪普通以上に良くしたい　⑫入れ換え　⑬寿命

B. （略）

IV.
A.　①プロセス　②連帯　③遂行　④単体　⑤創造　⑥プロフェッショナル　⑦ハンディキャップを負った弱者　⑧情報機械　⑨無料

B. （略）

V.
A.　①ごみ　②プラスチック　③ダイオキシン　④生殖機能　⑤社会のあり方　⑥ライフスタイル　⑦人工材料　⑧冷蔵庫　⑨エアコン　⑩オゾン層　⑪紫外線　⑫化学物質

B. （略）

第15課

I.
A.　①考古学　②便利　③不安　④医師　⑤先端　⑥生や死　⑦倫理　⑧ビジネス　⑨オープン　⑩効率　⑪構造　⑫環境　⑬化学物質　⑭経済

B.　1.（略）　**2.**〔解答例〕**質問1**：コメは毎年作れるし、単位面積あたりの人口扶養力が大きいんです。栄養もあるし品種改良などで生産性を高めることもできます。ただ、栽培は手間がかかるし労働もきつい。稲作の選択が日本人の勤勉さと経済発展をもたらしたと言う人さえいます。　**質問2**：環境も厳しく物も少なかった縄文時代が、衣食住ばかりでなく社会生活や精神生活においてもかなり豊かであったことがわかってきました。物質が豊富で便利な21世紀にあって、人々が失ってしまった幸福観の原点を縄文時代に見いだそうとしているからではないでしょうか。　**3.**（略）

C.　1.（略）　**2.**〔解答例〕**質問1**：ドナーカードに提供の意思を記入し、携帯してください。カードは市役所や区役所の窓口、保健所、郵便局、コンビニなどのカード設置店に置いてあります。家族にも意思を伝えておいたほうがいいですね。　**質問2**：今のところ認められていません。しかし、技術的にはクローン人間の誕生まで可能になった現在、そのようなことが起こらないとも言いきれませんね。　**3.**（略）

D.　1.（略）　**2.**〔解答例〕**質問1**：障害や病気で寝たきり状態の方が、パソコンによって周りの人とコミュニケーションをとったり、社会参加したりしているという例がたくさんあります。**質問2**：インターネットで商品の注文を受けて販売をしている店が増えています。店は小さくても顧客の範囲は無限に広がりますから。
3.（略）

E.　1.（略）　**2.**〔解答例〕**質問1**：病原菌を殺

すために抗生物質を使ったり、飲み水の殺菌のために塩素を入れたりしています。**質問2：**私たちの周りを見わたして見ると、化学物質を全く含まないものを見つけるほうが難しいかもしれません。いったん使い始めた便利なものをゼロに戻すということはとても難しいですね。

3.（略）

II.

A.〔解答例〕①便利で快適になっ　②不安やストレス　③感じていない　④自然環境も厳しく、物や道具も少なかった　⑤ストレスのない共同社会　⑥感じていた　⑦医療をめぐる倫理観　⑧コントロール　⑨さまざま　⑩検討していく必要がある　⑪産業構造やその中で重視されるもの　⑫膨大な情報の中から価値ある要素やキーを見抜く力　⑬弱者の立場を包容した情報ネットワーク社会　⑭経済は発展し、生活は便利になっ　⑮環境破壊や健康や生態系への悪影響という問題が起こってきた　⑯化学物質とのつきあい方をはじめ、社会のあり方やライフスタイルを見直していくことから始まるのではないか

B.〔解答例〕テクノロジーは21世紀に生きる私たちに便利な生活をもたらしましたが、現代社会には多くの不安やストレスもあり、人々が今の生活を幸福と感じているとは言えないようです。また、便利な生活を支えている化学物質からは、環境破壊や健康や生態系への問題が起こってきましたし、進歩し続ける先端医療の現場では生命倫理をめぐってさまざまな問題が提起されています。人体を改造し、長く生き続けることが本当に幸せなのか、考えさせられるところです。

　一方、自然環境も厳しく、物も現代よりずっと少なかったはずの縄文時代が、衣食住ばかりでなく社会生活や精神生活においてもかなり豊かであったことが三内丸山遺跡などの発掘や研究調査によってわかってきました。今日のお話をうかがっていて、縄文時代が今これほど注目されているのは、物質が豊富で便利な21世紀にあって、人々が失ってしまった幸福観の原点を縄文時代に見いだそうとしているからではないだろうか、という気がしました。

　21世紀をよりよく生きるためには、科学技術をいかに上手に使っていくかを考えながら、今までのライフスタイルや社会のあり方を見直す必要がありそうです。IT革命によってこれからさらに進化することが予想される情報ネットワーク社会は、今までの教訓を生かして、すべての人々の幸福につながるような社会にしていき

たいものです。

　以上をもちまして、本日の討論は終わりにしたいと思います。皆さん、ご協力ありがとうございました。

III.（略）

第1課

I.［チューターと時間割を決める］　(Track-02/p.2)

李：　　　すみません、履修の仕方を教えていただけますか。

チューター：いいですよ。『履修案内』、持っていますか。

李：　　　はい。一応、自分で取りたい科目を選んだんですけれど……。

チューター：ああ、これですか。え～と、あ、これ、もう曜日順に並んでいるんですね。じゃあ、一緒に見ていきましょう。えーと、月曜日から。
　　　　　あ、この１限の「経済史概論」は経済学部の必修科目だけど、２年か３年で取るんですよ。１年でも取れないことはないけれど、今年は、まず「教養総合科目」を中心に取ったほうがいいですよ。３限の「民法I」もだめ。だから、水曜日の「II」のほうも取れませんね。

李：　　　ああ、そうですか。わかりました。じゃあ、これはやめます。

チューター：ほかの曜日はどうですか。あ、この「経済原論I」も「消費心理学」も、それから「ミクロ経済学」もダメですよ。この学年のところをよく見てくださいね。それと……ほかの学部の授業が入っているけど、必修だとほかの学部の人はほとんど出ないですよ。それに、もし取るとしても、上の学年になって余裕ができてからのほうがいいと思いますけど。

李：　　　はい。あとは、どうですか。

チューター：え～っと。李さん、お国は中国でしょ？　じゃあ、この外国語の中国語は取れないんじゃないかなあ。「日本語」が取れるんじゃない？　たしか、単位にもなるはずでしょ。ほら、ここ。

李：　　　あ、はい。日本語が入らないなあって思ってたんです。ちょうどそこに日本語が入ります。月曜日の１時間目もたしか、「日本語」がありました。え～と、「日本語」は一つ２単位です。

チューター：そうですか。じゃあ、そこは「日本語」の授業に入れ替えればOK。……あれ？　同じ科目がありますよ。こういうのは、曜日は違うけど内容は同じだから、どちらか一つにしなきゃ。

李：　　　ああ、そうですか。じゃ、金曜日と土曜日のほうをやめます。ずいぶん減っちゃいましたね。

チューター：でも、前期、後期だけの授業も多いから。それから、もう一ついい？　基礎演習の「研究の方法」と「基礎研究I」も内容はだいたい同じですよ。

李：　　　そうですか。どちらがいいですか。

チューター：私は「研究の方法」がお勧めだな。いま、結構役に立ってるし。

李：　　　じゃあ、私もそっちにします。空いているところはどうしたらいいですか。

チューター：うめる？　これで単位は十分みたいだから、余裕をもったほうがいいと思うけど。もし入れるなら、今年取れる経済学部の必修科目があるでしょう？　それを入れたら？

李：　　　はい。え～と、ありました。「経済学概論」が金曜日の２時間目に入ります。通年で単位は４単位です。じゃあ、これを入れて時間割を作ってみます。どうもありがとうございました。

II.［学生課で奨学金について聞く］　(Track-03/p.5)

留学生：すみません。奨学金についてうかがいたいんですけれど。

職　員：はい、どうぞ。

留学生：今年、この学部の１年生になったんですが、私が申請できる奨学金はありますか。

職　員：はい。ちょっと待ってくださいね。……はい。どうぞ。これが本年度の「私費外国人留学生のための奨学金募集一覧表」です。あなたは、私費の方ですよね。

留学生：はい、そうです。たくさんあるんですね。これ、全部大丈夫なんですか。

職　員：えーと、お国はどちらですか。

留学生：中国です。

職　員：年齢は？

留学生：24です。

職　員：じゃあ、この、「①ピー」というところをまず見てください。ここで、まずあなたの条件に合うものを選びます。

留学生：いくつ選んでもいいんですか。

職　員：そうですねえ。いくつ選んでもいいですが、基本的には一つの奨学金しかもらえませんし、も　し、いくつか申請が通った場合には、報告してどれか一つにしなければなりません。ほかに申　請をしている人もたくさんいますからね。

留学生：はい。この、一覧表の「②ピー」と書いてあるものは何ですか。

職　員：これは、奨学金を出してくれる団体に、直接申請するものです。それ以外のは、学内で選考し　ます。直接申請の用紙は、その後ろの棚にありますから、ご自由にお持ちください。申請する　場合は、必要書類を揃えて、ご自分でお願いします。あ、もし、直接申請して通ったら、必ず　報告してくださいね。その時には学内選考のほうはダメになりますから。

留学生：わかりました。えーと、学内のほうはどのように申請したらいいですか。

職　員：はい。これが、大学選考用の申請書類です。さっきの一覧表の、直接申請以外のものの中から、　希望の奨学金を３つまで書いて提出してください。こっちは、学内選考を行いますので、必ず　しも第一希望の奨学金がもらえるとは限りません。で、別に「③ピー」という書類があります　から、これをよく読んで書いてください。

留学生：はい。あのう、この「④ピー」というのは何ですか。

職　員：コピーのことです。

留学生：あと、これは何と読むんですか。

職　員：「⑤ピー」。あなたはいま、アパートですか？　それとも寮？

留学生：アパートです。

職　員：では、その契約の時の書類のコピーを付けてください。

留学生：はい。わかりました。

職　員：あ、それから、ここ、５番目、「⑥ピー」っていうのは、アルバイトをしていたらその明細、　国から仕送りをしてもらっていたら、それを証明できる銀行通帳なんかを持ってきてください。

留学生：わかりました。いろいろとありがとうございました。

職　員：またわからないことがあったら聞きに来てください。

留学生：はい。どうもありがとうございました。

第2課

I-B.［キーワードや数字を聞き取る］　(Track-04/p.10)

　縄文時代というとどんなイメージが浮かびますか。以前の歴史の教科書に描かれていたのは、そう、「狩りをして、貝や木の実を集めて、竪穴住居の小さな集落で生活していた」、そんなイメージですよね。ところが、青森県三内丸山遺跡の発掘調査によって、これまでの縄文観が大きく変わってきているんです。かなり高度な技術や生産力を持った豊かな社会だったんじゃないか、ということなんですね。

　青森県青森市。地図で確かめて丸をつけてください。本州の北端ですね。そこに35ヘクタール、つまり東京ドーム７個分ぐらいの大きな集落があったんです。

　じゃ、年表を見てください。縄文時代というのは、今から約13000年前から2300年前までの約１万年続いたと言われています。そのうち三内丸山遺跡の集落が続いていたのは、今から約5500年前から4000年前までの約1500年間とみられます。年表に期間を書き込んでみてください。現在をA.D.2000年として、5500年前から4000年前というと……この辺からこの辺までですね。いいですか。

　この遺跡の特徴を、青森県三内丸山遺跡対策室の岡田康博さんは３つの言葉で表しています。書いておいてくださいよ。まず「大きい」。35ヘクタールという広さのことですね。次に「長い」。1500年間という期間の長さです。そして「多い」。発見されたものの数や量の多さです。この遺跡が全国的に注目を浴びたのは1994年に巨大な木の柱や大型の住居跡が発見された時なんですが、その年の調査結果として報告されているものの数をこれから言いますから、書き取ってください。……竪穴住居跡約850、土坑つまり何らかの目的で掘られた穴が約800、掘建柱建物跡約100、大人の墓約100、子供の墓約880。そのほか、土器、石器、土偶などダンボール箱約４万箱。……膨大な量ですね。もちろんその後の発掘で数はさらに増えています。なにしろまだ全体の15％くらいしか発掘されていないんですから。

　今までの調査でわかったことをまとめますから、キーワードをメモしてください。

　まず、大型掘建柱建物や大型竪穴住居などから高度な建築技術の存在ですね。それと漆器のおわんや穴のあいたヒスイなどから加工技術の存在。

次に、遺跡で発見されたクリの実の遺伝子分析の結果から、クリを栽培していた可能性が高いこと。3つ目は住居、墓、ゴミ捨て場などの施設が計画的に配置されていたということ。4つ目は土器や土偶などの大規模な生産が行われていたこと。そして、この土地ではとれないヒスイ、アスファルトなどが発見されたことから遠方との交易があったこと。最後に、成人と子供の埋葬方法の違いなどから、縄文の人々が死をどのようにとらえていたかという心の問題まで解明するヒントが見出されていることも重要ですね。

　このように、三内丸山遺跡からはこれまでの縄文像を覆す事実が数多くわかってきています。これまでの歴史は中央からの視点で書かれてきたわけですが、それは発掘などの事実によって覆す可能性があるということですね。大変興味深いと思いませんか。

第3課

I-A.［講義を聞いて表にまとめる］　(Track-05/p.16)

　えー、考古学と聞いてまず皆さんが思い浮かべるのは、遺跡の発掘や土器の復元などじゃありませんか。ところが、三内丸山遺跡の調査では植物学、遺伝学などによる分析結果や科学的な情報を見るとですね、当時の気候や食生活、生活環境などまで明らかになってきているんです。

　それではまず、国際日本文化研究センターの安田喜憲氏が行った花粉分析の結果を見てみましょう。図1は縄文時代前中期の堆積物から検出された花粉の分析結果なんです。花粉ダイアグラムと言って、花粉帯はⅠ～Ⅲの時代に分類されています。では、それぞれの時代にどんな植物の花粉が多かったか見てください。

　矢印1の花粉帯Ⅰの時代を見てくださいね。多く見られるのは何ですか。そう、コナラ亜属やハンノキ属、それにイネ科やヨモギ属、カラマツソウ属などですね。炭片の量はどうですか。ええ、少ないですね。炭片の量っていうのは人間活動に比例しますから、人間の活動が少なかったということなんですよ。きっと人間の手の入らない自然林だったんでしょう。

　ところが、矢印2の花粉帯Ⅱの時代に入るとどうですか。クリの花粉が異常に多くなりますね。それに炭片も急増していますから、草原が焼き払われ、かわりにクリ林が作られたのではないかと考えられます。えー、静岡大学助教授の佐藤洋一郎氏がクリの実の遺伝子を分析したところ、DNAパターンがきれいにそろっていたんです。つまり、これらは栽培されたものだろうということなんですよ。

　矢印3、えー、花粉帯Ⅲの時代に入ると、再びクリの花粉と炭片が減少し、ハンノキ属やイネ科などが増加していますね。人間活動が一時的に弱まり、ハンノキ林やイネ科の植物が広がってきたことがわかりますね。

　それでは花粉分析から明らかになった環境変化を表1にまとめてみましょう。植生というのはどんな植物が多かったかということです。人間活動のところは活発か不活発か、人間の自然への干渉のところは大・中・小で記入してください。えー、表1ができたら、同じようにして次のページの表2もまとめましょう。今度は自分で図2のダイアグラムを読み取ってまとめるんですよ。では、始めてください。

II-A.［レポートのテーマを友達に相談する］　(Track-06/p.20)

木下：今度のレポートのテーマ、どうしようか考えてるんだけど、ちょっと相談に乗ってくれない。

宮田：バイトがあるんだけど、少しなら大丈夫よ。

木下：授業で先生が話してた三内丸山遺跡って、おもしろそうだと思うけど、テーマを決めて書くとなると難しいよね。

宮田：そうね。遺伝子学とか建築学とか民俗学とか、いろんな角度から研究されているようだもんね。

木下：うん。何を選べばいいかわかんなくって。

宮田：一番興味のあることがいいんじゃない。私は科学的な分析についての話がおもしろいと思う。

木下：「縄文時代の女性について」なんてどう。難しすぎるかな。

宮田：そう言えば、土偶はみんな女性みたいだし。おもしろそうじゃない。

木下：そうだね。やってみようかな。時間を取ってくれてありがとう。

宮田：ううん。じゃ、がんばろうね。

I. ［友達と携帯電話で話す］　(Track-07/p.25)

タン：もしもし。

藤沢：あ、タンさん？　ぼく、藤沢だけど。いま、どこ？

タン：ああ、大学の掲示板とこ。藤沢くんは？　ひょっとしてまだ家？

藤沢：そう。今日1限休講だったろ？

タン：そうだったの。先週言ってたっけ？　そんなこと。

藤沢：いや、もっとずっと前にちょこっと言ってたよ。ぼく、そういうのは聞き逃さないから。

タン：何だ、教えてよ。私、知らずに大学来ちゃった。

藤沢：そうか、ごめん。何かほかに休講出てる？

タン：「経営学特講」っていうのがあした休みだって。それだけみたい。

藤沢：そっか。そいつは、関係ないな。ほかに何かある？

タン：あとは授業料納入のと、教務の掲示、それにアルバイトと、あとポスター…かな。

藤沢：あ、バイト何かいいのない？　短期のやつとか。

タン：最近少ないなあ、出てるのは家庭教師ばっかりだよ。ところでさ、藤沢くんは、免許持ってたっけ？　車の。

藤沢：うぅん。まだだけど。

タン：ここにポスターが貼ってあるんだけど、一緒にとらない？

藤沢：う～ん、そうだなあ。いくらか書いてある？

タン：ううん、ただポスターが貼ってあるだけだけど。

藤沢：ぼくもとりたいことはとりたいからさ、そこに電話番号書いてない？

タン：あるよ。

藤沢：じゃあ、それどっかに書いておいて。こんどさ、見に行こうか。

タン：うん、オッケー。それじゃあね。バイバーイ。

IV. ［友達に電話で情報を伝える―書き取る］　(Track-08/p.28)

ジン：はい、ジンです。

ロイ：あ、ロイです。さっきはファックスありがとう。これ「留学生ツアー」の？

ジン：そう。掲示のところにあったの。ロイさん、一緒に行きませんか。

ロイ：うん、でも、ちょっとこのファックス、線が入っていてよく見えないんだけど……。

ジン：あ、そう？　ごめんなさい。じゃあ、もう一度送りますね。

ロイ：ううん、いいよ。ちょっと読んでみてくれればわかるから。

ジン：はい。じゃあ、読みま～す。はじめから？

ロイ：うん。お願い。

ジン：「留学生ツアーのご案内」、恒例の「留学生ツアー」を下記要領で行います。今年は八丈島。南の思いっきり楽しみましょう！

ロイ：あ、ちょっと待って。どこだって？

ジン：ハチジョージマ。一二三の「八」に、大きいっていう字みたいのに島。

ロイ：大丈夫の「丈」？

ジン：う～ん、そうかな？　よくわかんないけど。でも、たぶんそうね。次いい？……青い空と青い海が、あなたを待っています！　なお、申し込み多数の場合は、先着順となりますので、お早めにお申し込みください。日程、7月30日～8月3日、場所、八丈島。これ、さっきのね。宿泊先、八丈ゆーとぴあIランド。

ロイ：あれ、これ「イチ」じゃないの？

ジン：たぶん、「アイ」よ、英語の「アイランド」っていうことじゃない？　それから…、電話番号は04996の0の1234。費用、2万円。交通費、宿泊費、朝食代含む、だって。安いよね。5日間だもんね。募集人数、30人。ご応募の際は、下記連絡先までご一報ください。募集人員に達し次第、締め切らせていただきます。

ロイ：それ、30人しかダメっていうこと？　早く申し込まないとダメだよね。

ジン：うん。そうみたい。で、連絡先が、YS国際交流友の会。電話番号が03、4567の8888。担当が只

野さんていう人。

ロイ：OK、サンキュー。ところで、「ハチジョージマ」ってどこ？

ジン：南のほう。

ロイ：沖縄のほうかなあ？

ジン：ううん。東京のずっと南のほう。だって、東京都だもん、八丈島って。

ロイ：へえー、そうなんだ。おもしろそうだね。船で行くのかな？

ジン：う〜ん、それは書いてないみたい。あしたちょっと聞いてみてくれない？

ロイ：わかった。聞いてみるよ。それで、ついでに申し込んでみるね。

第5課

I-B.［重要な数字や語句を聞き取る］　（Track-09/p.32）

　えー、まず最初に遺伝学の歴史を見てみましょう。一番新しいところで、そう、去年、「ヒトゲノム解読が終了」っていうニュースは皆さん、もちろん覚えてますよね。えっ、いつ？　6月でしたね。

　ところで、ながい、ながーい40億年近い生命の歴史の中で、このヒトゲノムを読むっていうすごい時代に生まれてきたわけですよ、皆さんは。もっともこの「解析終了」というのは、一般の人たちには誤解を招いたかもしれませんね。「ヒト遺伝子のすべてがわかった」っていうように。皆さんの中にもそう思った人がいるんじゃないですか。どう？

　これはそうではなくて、終わったのは「DNAの配列の解読」。いいですね。つまり、4種類の塩基、アデニン、チミン、グアニン、シトシンの配列を読み終えたということです。それがどのような意味をもつのかを明らかにするのは、これからの課題ですね。それをするのは、もしかすると皆さんの中の一人かもしれないわけです。それから決定されたのはヒトゲノム全体の90％でした。念のため。

　ヒトゲノムの解読っていうのは遺伝学の歴史から見ると5番目の大発見になります。第1の発見は、そう、「メンデルの遺伝の法則の発見」で、これは1863年、そう、メンデルはエンドウで考えたんでしたね。それから次が、1944年に遺伝情報を伝える物質がDNAであることを発見したんでしたね。誰の発見だか覚えてますか。エイブリー。エブリーではなくてエイブリーですよ。

　そして3番目がワトソンとクリックがDNAの構造、そう二重らせん構造を明らかにしたことです。これは、えー、1953年でしたね。それからニーレンバーグたちが遺伝暗号を解読したのが4番目。これは1960年代の半ばでした。そして2000年のヒトゲノム解読が5番目というわけです。

　こうして遺伝子のいろいろなことがわかるにつれて、遺伝子治療や遺伝子診断が行われるようになってきたわけです。これについては、また後でふれますが。

　それと、ついでと言っては何ですけど、ヒトゲノム研究所の所長が将来も予測してますから言っておきましょう。あくまでも予測ですけどね。2010年には遺伝情報による病気の診断が拡大、20年には分子を標的としたがん治療が可能になる、そうして2030年になると、個人の体質や環境に応じた病気の予防が普及すると……そうそう、このころ、平均寿命が90歳に伸びるとも予測してますよ。

I-D.［説明を聞いて理解し、図を完成する］　（Track-10/p.33）

　さて次に、DNAと染色体が、実際にどのようなものかお話ししましょう。

　DNAはアデニンとチミンとグアニン、えー、それからシトシンの4種類の塩基が、決まった組み合わせで、ちょうど長いはしごをねじったような構造になっているんですね。デオキシリボースという糖とリン酸が長くつながった鎖がちょうどはしごの両端のように2本並んでいて、それがらせん状によじれてるんですね。

　この2本の鎖の間に4種類の塩基がペアになった段々が並んでいる。ペアになっているというのは、アデニンとチミンがペア、グアニンとシトシンがペアになるんですね、必ず。正常なDNAではアデニンとグアニンがペアになったりチミンとシトシンがペアになることはありませんよ。これが二重らせん構造ですね。

　それでこの二重らせんがたんぱく質の芯、ヒストンと言いますが、そのヒストンに巻きついています。巻きついたものを、ぎゅっと、というか、ぎっちり押しつけて、その押しつけたものをもう一度ぐるぐる巻いて、もう一度押しつけたものが染色体ですね。

　ヒトの生殖細胞1個の中のDNAの長さは1メートルにもなるのですが、それが23対、46本の染色体に分かれて細胞の中に入っているのです。ヒトの細胞は60兆個と言われてますけど、この細胞全部にこれだけのDNAが入っているわけですね。

第6課

I-A. ［グラフを読み取る］　(Track-11/p.39)

　先週の授業で遺伝子についていろいろ学んできたわけですが、えー、一般の人に誤解されやすいのが、何もかも遺伝子で決まってしまうんじゃないかってことでしょうね。

　プリントの1番の図を見てください。病気にしたって、遺伝子の影響が大きいものもあれば、後天的要因——環境と言ってもいいのですが——後天的な影響が大きいものがあるわけです。遺伝子の影響をぜんぜん受けないのは、けがとか、そう、事故なんかですね。なかには100パーセント遺伝で決まってしまう病気もありますけどね。ある種の糖尿病がそうですね。その中間の、遺伝と生活習慣なんかがからんでるものに、がんとか高血圧なんかがあるわけです。

　病気や性質に遺伝がからむかどうかを見るにはどうするかってことなんですけど、これは双生児、そう、ふたごを比べるんですね。一卵性の双生児と二卵性の双生児を比べるわけです。

　2と3のグラフを見てください。100パーセント遺伝で決まってしまうのであれば、一卵性は縦軸が1になり、二卵性では一卵性の半分かそれ以下になります。環境の影響が大きければ、一卵性と二卵性の間の差が小さくなるわけです。グラフの見方はわかりましたか。

　職業興味とかアルコール依存症の遺伝子といった単独の遺伝子があるわけではなく、複数の遺伝子が関係してますし、当然個人差もありますから、1よりだいぶ少なくても遺伝の影響があるっていうことですよ。誰ですか？成績の悪いのを何とか親のせいにしようっていうのは？

I-B. ［必要な情報を聞き取る］　(Track-12/p.41)

　さて、先週は遺伝子診断のことを取り上げましたが、その遺伝子診断の時期をもっと早めると、生まれる前に検査して病気の診断をしてしまおうということになるわけです。これを「出生前診断」と呼んでいます。生まれる前に障害を持っているとわかったら、その子供を産まないようにするわけですね。

　えー、4496万6903ドル、円に直して52億円ですけど、これはカリフォルニア州が1995年度に行った出生前の遺伝子診断で節約できたとする金額なんですね。障害者が生まれた後にかかるはずだった社会保障費と検査のコストから計算したんですね。

　この出生前診断が行き着くところは、「優生学」です。優生学というのは、人の遺伝に人間の手を加えることによって人類の質を上げることができるという思想で、ダーウィンのいとこのゴールトンが始めました。ナチの大量殺人もこの考えからきていたのでしたね。それから、イギリス、スウェーデン、デンマーク、フィンランド、スイス、アメリカなどでも、この考えに基づいて、多くの人が子供をもてなくなる手術をされたんですね。これは断種といいますが。日本でも男性192名、女性243名が手術を受けさせられています。（※この数字は、1941～45年に国民優生法にもとづき手術を受けた人の数字。）

　遺伝子診断を考える際に、私たちはこうした過去を絶対に忘れてはいけません。また、倫理的な側面、生命倫理抜きにしては、この問題は議論できません。

II-B. ［資料を選ぶ］　(Track-13/p.43)

　今度のレポートですが、どのテーマを選ぶにしても、必ず遺伝子について生物学的にしっかり理解しておくこと。遺伝子情報がどのように伝えられるかまで、分子構造としての遺伝子をしっかりとらえておかなければなりません。全員『「いのち」とはなにか』、副題が「生命科学への招待」を読んでおいてください。

　それから、生命倫理を抜きにしてはこうしたテーマは扱えませんから、それに関しても絶対に1冊は読んでおくこと。そうですね、『新しい生命倫理を求めて』か『医療の倫理』のどちらかを読んでください。

　では、テーマを言います。えー、遺伝子診断の方法と利用分野、人工臓器研究の現在、日本におけるヒトゲノム計画の実態、それから、性格は遺伝するか、優生学は社会にどう現れてきたか、それと、生命再生技術の現在、以上6つの中から選ぶこと、いいですね。

第7課

I. ［プログラムと会場図を見て予定を立てる］　(Track-14/p.46)

学生男：どこから見る？

学生女：そうねぇ。まず、特設ステージや講堂の出し物と時間をチェックして、空いている時間に教室のほうに行こうよ。テントの店は移動しながらのぞけばいいでしょ。

学生男：うん。特設ステージは、っと。アイドル歌手のミドリのライブはあしたか。へぇ、最後にライブで盛り上げて後夜祭にもっていくってわけか。これは絶対来よう。今日はクイズ大会があるよ。1時から3時。賞品もなかなかいいし、まずこれだな。ステージ前の広場に集合だ。

学生女：講堂は？ え～と、今日はエンターテイメントで、あしたはアカデミックって感じね。講演もそのあとのシンポジウムの参加者も超有名人じゃない。内容は難しそうだけど、こんなチャンスないからがんばってライブの前に聞きに行こう。今日の中では人形劇が見たいな。

学生男：あ、でも2時から3時だよ。クイズ大会と重なってるじゃない。

学生女：じゃ、だめだね。演劇なら4時からだから見られるけど、どうする？

学生男：実は同じゼミの山田っていうのが演劇部でさ。来てくれって言われてるんだ。

学生女：なんだ、じゃ、決まりね。教室のほうは、1号館が美術部、写真部の展示と手話サークル。2号館はインターネットカフェ、コンピューター占いね。ギター部も生演奏つきのケーキとコーヒーの店出してるわ。

学生男：3号館の茶道部と華道部のとこは、ぼくはちょっとな。4号館のゼミ研究の展示の中にはぜひ見ておきたいものがあるんだけど。

学生女：じゃ、2号館と4号館にしよう。先に4号館で展示をゆっくり見て、お昼を食べて。お昼はカレーでいい？ テニス部の友達が2号館の前でカレーの店出すって言ってたから。

学生男：いいよ。そのあと2号館ね。2号館と3号館の前のテントでフリーマーケットもやってるから、クイズ大会の前に時間があったらのぞいてみようよ。

学生女：そうね。それと、演劇の前に時間あるでしょ。講堂前に留学生が出してるタイ料理の店、行きたいんだけど、いい？

学生男：いいけど、何だか食べてばっかりって感じだな。

II-A. ［説明を聞いて理解する］ (Track-15/p.48)

　では、大学祭参加についての説明会を始めます。私は実行委員の青山です。全体の流れを説明しますから、よく聞いて間違いのないようにお願いします。

　まず、企画内容と希望する場所を決めてください。場所は、テント、教室、特別な場所の3種類です。今月10日までに企画受付をしてください。これからお渡しする企画受付書に必要事項を記入して、受付料8,000円、保証金5,000円と一緒に提出してください。保証金というのは事故や問題が起きたときに使うためのものです。何もなければ最後の総会でお返しします。

　次は場所決めです。複数の団体が同じ場所を希望している場合は、話し合い等で決めてもらいます。この会議は今月13日に101教室で行いますから、必ず参加してください。

　場所が決まったら、必要な品物のリストアップをし、借りたい品物の借用申込書を9月20日までに提出してください。実行委員会から無料で貸し出せるのは、教壇、暗幕、机、イスなどです。教室や講堂備え付けのものの場合も、申込書が必要です。

　調理に使うプロパンガスは実行委員会を通して販売しますので、購入申込書になります。それ以外で必要なものは各団体で直接手配してください。また、食品の調理をする団体は、保健所への届けに必要事項を記入して、やはり20日までに提出願います。

　大学祭前に参加団体の総会を3回予定していますので、掲示板を見て必ず参加してください。

　大学祭当日は決まりを守り、責任ある行動をお願いします。特にゴミの始末と使用場所の清掃はしっかりやってください。これができない団体は、次の大学祭への参加ができなくなることもあります。

　大学祭の2週間後ぐらいに、決算報告や保証金の返還などのために最後の総会を行います。ここまでが全体の流れですが、何か質問はありませんか。

第8課

II. ［インタビューを聞き取る］ (Track-16/p.60)

Q. 「あなたは、将来自分の“家”を持ちたいと思いますか。それは「一軒家」ですか。マンションのような「集合住宅」ですか。その理由は何か、お答えください。」

1. （男性）　あ、はい。学生です。いま３年で、今年で21ッス。そーッスねぇ、やっぱ、一軒家持ちたいッスねぇ。いつかわかんないですけど。だって、「家」って言ったら、やっぱ「一軒家」でしょう。いまアパートですけど、家を持つ、つうのは「一軒家」を持つ、つうことじゃないッスか？ 男だったらいつかは、っていう夢がありますよ、俺にもね。金ないッスけど。ははっ。

2. （男性）　大学４年です。22です。就職活動、けっこう忙しいですよ。なかなか思うようにはいかないし。将来の「家」ですか？ そうだな。ぼくは長男だから、いずれは実家に戻ると思うけど、実家は一軒家だから、一軒家ってことになるかな。よく考えたことないけど……、うん、マンションも快適でいいとは思うけど、年をとって住むところじゃないと思うから。これくらいでいい？ はい。どうも。

3. （女性）　はい。OL１年目です。歳？ 23。将来の「家」ですか？ 私、田舎で育ったから、都会のマンションって憧れがあるな。だから、おしゃれなマンションに住みたいって思っています。いま住んでいるところもマンションだけど、賃貸だから、狭いし、部屋を自由に変えられないし。自分でマンション持ってれば、自由にできるでしょ、インテリアとか。それに、眺めがいいのはやっぱりマンションだから、私はマンションがほしいな。

4. （男性）　大学院の留学生です。工学部です。中国から来ました。25歳です。私は、卒業したら日本の会社で働きたいです。将来は、そうですね、え〜と、東京にマンションを買いたいです。国にも家がありますが、東京は便利ですから。マンションは、いろいろなことを管理会社がやってくれるので、とても便利です。だから、いつか、マンションを買いたいと思います。

5. （女性）　文学部言語学科の１年です。まだ18です。将来の「家」ですか？ そうですね。私はいろいろな国を旅したいんです。いろいろな人と出会って、いろいろなものを見たり、聞いたり、食べたりして経験したいんです。だから、特に家がほしいとは思っていません。そりゃ、いつかは帰るところがあったほうがいいかもしれませんが、どこが気に入るかわかりませんから。好きな国があったらそこにしばらくいて、また違う国に行ってみたいですね。

6. （女性）　３年です。経済学部です。20。あ、そう。このゼミどう？ おもしろい？ へぇ、こんなことやってんだ。将来の「家」ですか。う〜ん。私は特に持ちたいとは思わないですね。今は普通のアパートだけど、卒業して、就職して、何年かしたら結婚するかもしれないでしょ。でも結婚しても、特に家を買う必要はないと思うんだ。っていうのは、特に都会で家を持とうなんて考えたら、ローン地獄でしょ？ 家のローンのために一生懸命働くなんて、それこそ一番経済効率が悪いし。それだったら、賃貸で節約して、好きなことにお金を使いたいな。

7. （男性）　２年生です。浪人したんで、21です。法学部です。はい。ぼくは将来、一軒家を建てたいと思っています。ぼく、一人っ子だから、いずれ親と住むことになるんですけど、今の家ちっちゃいから、二世帯住宅っていうんですか？ それを建てたいと思っています。バリアフリーのマンションとかも増えてますけど、やはり、親の世代は、地に足がついていたほうがいいみたいですから。

8. （女性）　高校３年生、17です。ぜんぜん考えたことありません。いま家族一緒に住んでいます。一軒家です。これから、私も大学へ行って、好きなこと見つけて、仕事をしたいと思っていますが、結婚したらどうなるかわからないですよね。結婚相手が一軒家かマンションを持ってるかもしれないし。だから、今のところ、特に考えていません。

9. （女性）　このお店の店長です。服とか好きだから、学生の時からずっとアルバイトしてて、そのままこのブティックに勤めちゃったんですけど、去年から店長やらせてもらってます。えっ？ 歳？ やだなぁ、言わなきゃいけないの？ 別に隠すこともないけど。再来年大台よ。そ、30の。えっ？ 家？ あぁ、去年買いました、マンション。何年も家賃払っているのばからしいでしょ。家賃払うんだったら、少しくらい無理してもローン払ったほうがましじゃない。で、10年くらいしたら、もっといいところに買い換えるの。一軒家？ そうじゃないわよ。もっといいマンション。それが夢ね。

10. （男性）　不動産関係の仕事をしています。25歳です。将来の家のことですか。なんか私向きの質問ですね。そうですね、職業柄、いろいろな物件を扱っていますけど、都内に住むならマンションですね。郊外なら一軒家ですが、今はかなり遠くまで行かないといい物件がないですよ。私の理想を言いますと、若いうちは都内でばりばり働く。これは賃貸でもかまわないと思いますよ。そして、ある程度年

齢がいったら、リゾートっぽいところに家を建てて住む。転売してステップアップしていける時代ではなくなっちゃいましたから、とにかくしっかり貯めて、のんびり過ごせたらいいですね。

第9課

II-B.［発表の仕方について話し合う］　(Track-17/p.69)

学生男：あと、どうしよっか。まず、テキストに書いてあることを参考にまとめたいんだけど。

学生女：ああ、これ、もう3枚できたんだ。さすが。じゃあ、あとは、具体例ね。いい本見つけてきたんだけど。どう、これ。『インターネットビジネス白書2001』。パラパラっと見たんだけど、インターネットビジネスのいろんな例も載ってるし、データもあるから、これ使ってみよっか。

学生男：へーえ。いい本見つけたね。あ、すごい、すごい！　全部載ってるよ。さすがだね、どこで見つけたの？

学生女：駅前の本屋さん。「白書」のコーナーにあったわよ。ビジネスのところじゃなくて。

学生男：そっかぁ。よし。じゃあ、ピックアップしよう。うわっ、「インターネットビジネス」って一口に言っても、たくさんあるね。全部挙げると散漫になるから、代表的なものだけにしよう。

学生女：そうね。じゃあ、まず「オンラインショッピング」。これは「販売料」と、バナー広告を載せればその「広告料」が入るのね。えっと、これには、「書籍、パソコン、音楽CD、衣料、食品、ギフト、玩具、オフィス用品」のほかに、「イベント」や「オンライントレード、オンラインスーパー」も含まれるのね。

学生男：ふ～ん。つまりインターネットを介して消費者が商品を買う、「B to C」だね。まあ、店がインターネットになったって感じかな。ほかには？

学生女：「会費」と「手数料」で成り立っているものがあるわ。これには、「情報仲介」、例えば「自動車、旅行、不動産、金融、就職」と、「オークション」とか「共同購入、価格比較」などの「購買支援」があるみたい。あとは、「広告料」が主な収入源の「無料サービス」と、「有料情報サービス」ね。

学生男：「無料サービス」って、例えば何？

学生女：えっと、「サーチエンジン」でしょ。それから「ニュースサイト、専門情報サイト、無料メールサービス」なんかね。

学生男：「有料情報サービス」は？

学生女：「オンラインマガジン」とか「メールニュース、データベースサービス」、それに「オンデマンド・サービス」だって。

学生男：OK。じゃあ、こんな感じのまとめで、どう？

学生女：いいんじゃない？　あとは、私たちのビジネスプランをつけ加えようか。……う～ん、あんまり新しくはないけれど、携帯電話に定期的に外国語のメッセージを送るなんてどう？　今日の一言みたいに。

学生男：収入源は、どうするの？

学生女：バナー広告付きにして、その広告料よ。

学生男：なるほどね。登録している人にだけ、例えば1日1回決まった時間に送るんだ。言葉の学習にもなるっていうわけ？　ふ～ん。それで、最後に「今後の展開と課題」なんてまとめれば完璧！

学生女：さっすがぁ！　発表はコンピューター使うんでしょ。じゃ、あとの準備、よろしくね。情報は提供したから、ね。

学生男：えっ？　そ、そんなぁ……。

第10課

III-A.［図書館の利用法を知る］　(Track-18/p.78)

　大学図書館の利用は初めてですか。じゃあ、説明しますね。本を借りるには学生証が必要です。ええ、特別なカードなどは作りません。学生証だけでいいですよ。

　図書館が開いているのは、月曜日から金曜日は午前9時から午後9時45分、土曜日は午前9時から午後4時半までです。あ、でも授業のない日は違うから気をつけてくださいね。授業のない日は、月曜日から金曜日までが午前9時から午後5時までで、土曜日は休みです。

借りられる本の数や期間は何年生かによって違うんです。あなたは学部1年生ですか。じゃあ、1回に5冊、2週間まで借りられます。学部3年生までは同じです。4年生になると10冊、期間も1か月までになって、大学院生は15冊、2か月まで借りられます。

　それから、2階にはコンピューターが25台あって、本の検索をしたりインターネットにアクセスしたりできますよ。3階には留学生用の図書コーナーもありますから見てみてください。

＊　　　＊　　　＊

　市立図書館のご利用は初めてですか。では、利用カードをお作りします。何か住所を確認できるものをお持ちですか。

　……お待たせしました。カードができました。借りたいものと一緒にこの利用カードを出してください。返す時には必要ありません。

　え～、開館時間は、火曜日から金曜日までが朝9時半から夜7時半まで、土、日、祝日は9時半から5時までです。この図書館では本のほかにCDやカセットテープ、ビデオテープなども貸し出しています。本は15日間で読める範囲で何冊でも借りられます。CD、カセットテープは15日間で合計5点まで、ビデオテープは8日間2点です。

　それから、これは初めての方皆さんにお願いとしてお話ししているんですが、図書館ではほかの利用者の迷惑になるようなことはなさらないようにしていただきたいんです。例えばお酒を飲んでの入館、ペットや大きな荷物の持ち込み、携帯電話の使用などはご遠慮ください。そのほかの詳しいことをお知りになりたい場合は、このパンフレットに書いてありますから、どうぞお持ちください。

第11課

I-A. ［留守番電話のメッセージを聞き取る］　（Track-19/p.82）

1. もしもし、ポールです。えーっと、今度のミーティングのことなんだけど、都合が悪い人が多いから、別の日、8日の火曜日の4時からに変えました。場所は同じ、西口のイルフィオーレで。来れるかどうか電話して。えーっと、電話番号は045の、あ、……やっぱり、携帯090-1234-9876に電話してください。じゃ。

2. はじめまして。わたくし高槻国際交流会の稲垣と申します。10月4日の夜、国際交流の夕べというのがございまして、それに各国の自慢料理ですとか民族舞踊などを企画いたしております。それでご協力いただきたいと思い、お電話させていただきました。夜遅くてもかまいませんので、0726-89-4679までご連絡いただけますでしょうか。よろしくお願いいたします。

3. あ、あたし谷口だけど。あのう、実は今日の心理学の授業出られなくって。ちょっとどうしても行かなくちゃいけないところがあるの。それで悪いんだけど、あのノート、ノートあとで見せてくれないかしら。いつも悪いけど。これ聞いたら090-6984-8574に電話してくれる？じゃ。

4. えー、まいどありがとうございます。えー、ジャイアントカメラですけど、先日リーさんのほうからお預かりしましたノートパソコンの修理の件ですけど。メーカーから見積もりが来まして、えー、1万2千円ほどかかるようなんですが、それとお時間なんですけど、連休も入っておりますので、3～4週間は見てほしいとのことです。えー、修理されるかどうかご連絡ください。私、宮内と申します。よろしくお願いします。

IV-B. ［先輩とのコミュニケーション］　（Track-20/p.91）

秋山：もしもし、文化祭のときご一緒だった秋山です。
先輩：やあ、秋山さん、久しぶり。
秋山：同じ大学なのにぜんぜんお会いしませんね。私は授業やクラブで毎日忙しくしています。
先輩：ところでわざわざ電話してきたりして、何か変わったことでもあったの。
秋山：実は先輩にちょっとお願いしたいことがありまして。
先輩：頼みって何？
秋山：たしか先輩、小林先生の授業を取ってましたよね。
先輩：ああ、去年ね。見事Aをもらったよ。
秋山：先輩のノートをお借りできないかと思って。

先輩：授業真面目に出て、ノートぐらい取れよ、自分で。勉強は学生の仕事だよ。

秋山：もちろん授業には出てるんですけど、先生の字はちょっと読みにくくって。先輩のノートはわかりやすいって評判ですよ。

先輩：おだてても無駄だよ。

秋山：そこを何とか、先輩。お願いします。

先輩：じゃ、探しとくよ。あしたにでもまた電話くれよな。

秋山：はい、ありがとうございます。助かります。

第12課

I-B.［スピーチを聞いてメモを取り、内容を確認する］　(Track-21/p.94)

　私は夏休みにドイツを旅行しました。ライン下りをしたり有名なハイデルブルグ城に行ったり楽しい思い出がたくさんあります。それから２週間ホームステイをしたので、おもしろい経験や言葉がうまく通じなくて困ったこともあります。その話は別の機会にするとして、今日お話ししたいのはドイツのゴミについてです。

　まずドイツで驚いたことは、日本ではのどが渇いたら、町じゅうどこにでも飲み物が買える自動販売機がありますが、ドイツにはあまりなかったことです。それにペットボトルもあまり売られていませんでした。そのかわりに飲み物に「びん」が多く使われています。なぜかというとそれは、びんは割れない限り何回でも使えるからです。

　びんに入った飲み物は、デポジットがかけられて売られています。飲み終わった容器をお店に返すとデポジットが戻ってくるわけです。デポジットの割合が高いので、ほとんどの人がお店に返しに行くのです。例えばミネラルウォーターなどの中身は70円ですが、びんは50円のデポジットです。しかも飲み物の容器は20回以上リユースすることが決まっているそうです。実は古いびんに入ったコーラを飲むのは最初は気持ちが悪かったのですが、すぐ慣れました。

　ドイツの人たちがゴミを減らそうと努力しているのは、飲み物に関してだけではありません。ホームステイ先のお母さんは、買い物かごを下げて買い物に行っていました。かごや袋を持っていかないと、お店で50円ぐらい出して買わなければなりません。小さい入れ物に入っているヨーグルトなども簡単で便利なのですが、絶対に買いません。ほかにもいろいろゴミを減らす努力をしています。そのおかげでホームステイ先で出る一週間分のゴミはバケツ一杯ぐらいと、私のうちの一日分なので本当にびっくりしてしまいました。

　驚いたのはそれだけではありません。そこの洗濯機は修理しながら20年以上も使っているそうです。日本では次から次へと新製品が出るし、修理しようと思っても部品がなくなったりするのではないでしょうか。また、ホームステイ先にはひいおじいさんの代から使っているという家具がいくつもありました。

　日本に帰ってから、母にドイツでのことを話すと「あら、日本だって昔は牛乳はびんに入っていたし、野菜だって新聞紙に包んでくれていたし……それに豆腐もなべを持って買いに行ったのよ」と言っていました。日本も昔は環境にやさしい生活をしていたことがわかりました。

　ドイツでのホームステイの経験は、日本のゴミに対する態度を見直させてくれました。私たちも自分たちのできることから、ゴミをできるだけ減らすようにしなければいけないと思います。

第13課

I.［討論をする際の注意を知る］　(Track-22/p.102)

　最初に、討論をする際の注意点を簡単に確認しておきましょう。いいですか。

　まず司会者としての注意事項ですが、第一に参加者に公平に発言の機会を与えること。第二に、話がはずれないように注意すること。第三に必要に応じてまとめをすること。そう、時間の配分にも気をつけてください。

　次に討議者としてですが、第一に人の発言をよく聞くこと。第二に問題点にしぼって発言すること。第三に一人で長く話しすぎないこと。それから、人の意見を尊重すること。こんなところでしょうか。もちろん、できるだけはっきりと話すことも忘れずに。

II-A.［討論の発言を聞き取る］　(Track-23/p.102)

司会者：それでは、これから討論を始めます。司会の山田です。どうぞよろしくお願いします。今日は、フリーターについて話し合いたいと思います。まず小林さんにこの問題について説明してもらいます。では、小林さん、お願いします。

小　林：えー、最近フリーターが増えていることはご存じかと思いますが、最近の調査で150万人を突破したそうです。ちなみに150万人っていうのは、超満員の甲子園球場30杯分です。フリーターというのは、15歳から34歳まででアルバイトかパートで働く人のことです。もちろん主婦や学生は含まれていません。まあ、定職を持たない若者とでもいうのでしょうか。ぼく……私自身は小さいときから物を作るのが好きで、大きくなったら自分で絶対ビルを作ろうと思い、今こうして建築を専攻し、卒業したら立派な建築家になろうと思っています。フリーターっていうのは、なんていうか、いつまでも一人前の社会人になっていないというか、甘えてるっていうか、そんな気がします。

ヤ　ン：私も同感です。フリーターっていうとちょっと聞こえがいいみたいだけど、要は一つの職業を選んで責任を持ちたくないってことなんじゃないでしょうか。

大　田：私はそれには賛成できません。

ヤ　ン：どうしてか説明していただけますか。

大　田：だって、みんな一つの職業を選ばなくてはならないというのが前提になっているみたいですけど、人はみんな違うんだから、いろいろなアルバイトをするっていう選択をしたっていいと思うんです。フリーターが増えてるのを問題にすること自体が、アルバイトに対する偏見っていうか、そんな気がします。

スミス：それから付け加えたいのですが、最近はやむを得ずアルバイト、っていうフリーターが多いんです。

大　田：そうそう。でも私は自ら進んでのフリーター志望だわ。大学卒業してすぐ人生を決めちゃうなんていやです。いろいろ可能性を探したいし。それに、就職して組織にしばられるのは絶対にいやです。それにアルバイトだって結構収入になるし。

石　井：へえ、どんなアルバイトするの、大田さん。卒業したら家庭教師なんかはできないでしょう。

大　田：何も今から決めることないでしょ。いろいろやってみたいのよ、私。

司会者：話が本題からはずれてきたようなので、もとにもどします。一つの職業を選ばないフリーターは甘えであるという意見と、フリーターも立派な選択肢だという意見がありました。石井さん、この点についてどうお考えですか。

石　井：フリーターも一つの職業という見方もできるかもしれませんが、やはりいやになったらやめればいいって、無責任な気がします。

スミス：今の発言に関係があるのですが、たしかフリーターをしている理由で一番多かったのが、自由気ままでいたいっていうのだったと思いますけど。こないだ読んだ雑誌に……、ちょっと待って、持ってるかもしれません。

第14課

I.［公開討議の形式を知る］　(Track-24/p.109)

　皆さんはこれまでに講義やスピーチ・討論を通して、現代社会におけるさまざまな問題について考えてきましたね。そこで、今回は総まとめとして公開討議の練習をしてみたいと思います。「パネル・ディスカッション」とか「シンポジウム」「フォーラム」などといった言葉を聞いたことがあるでしょう。そう、それが公開討議なんです。

　共通しているのは、司会者の進行によって、数人の代表者が意見発表や討議をし、そのあとで会場の人たちも質問や発言をして討議に参加するという形式です。代表で発表や討議をする人は、一般に「パネリスト」と呼ばれていますね。場合によっては、討議全体の企画をする「コーディネーター」がいることもあります。

　では、「パネル・ディスカッション」「シンポジウム」「フォーラム」はどこが違うかと言うとですね、実は結構あいまいな使われ方をしているんですよ、実際には。まあ、一応形式や方法、目的などの違いは次の点だと言われていますから、知識として知っておいてください。

　まずパネル・ディスカッションの特徴は、問題について対立意見を持つ代表者が意見を述べるという

ことと、討議したあとで、会場の参加者も含めて自由に話し合って、何らかの結論を出そうとする点です。形式ばらない自由な討議形式です。

これに対してシンポジウムは、問題を多角的に捉えて、掘り下げて討論しようというものです。結論を出す必要はありません。問題について、いろいろな専門的な立場の人がそれぞれの角度から意見発表し、討議をしたあとで、司会者や会場の質問に答えます。やや公式的、研究的と言えますね。しかし壇上からの一方的なものではなく、パネル・ディスカッション同様、会場を巻き込んだ自由な討議ができるのが理想ですね。

フォーラムもシンポジウムとほぼ同じと言っていいでしょう。先ほども言いましたように実際にはかなりあいまいに使われていますから、あまり定義にこだわる必要はないかもしれませんね。

さて、これからロールプレイで公開討議をやってみようと思います。皆さんには代表討議をするいろいろな専門家、つまりパネリストですね、それから司会者、会場の参加者といった役になってもらいます。パネリストは、これまでの講義で学んだことやそのほかの資料をもとに意見発表をします。司会者はそれをまとめながら、会場も含めた討議に発展させます。会場の参加者は、代表者の討議や発表をよく聞いて、質問や意見を述べます。さっきの区別で言うと、シンポジウムに近いかもしれませんね。

テーマは「科学技術の進歩は人類を幸福にするか」です。さあ、今までに学んだ知識や討論の技術がどのくらい有効に使えるか、挑戦してみましょう。

第15課

I-A.［発言の主旨を聞き取る］　（Track-25/p.118）

司会者：本日は「科学技術の進歩は人類を幸福にするか」という題でそれぞれのご専門の立場からのご意見をうかがいたいと思います。では、自己紹介を兼ねて一言ずつお願いいたします。

鈴　木：考古学を専門にしている鈴木と申します。今日は縄文人と21世紀人の幸福観という視点から意見を述べたいと思います。

いま、私たちの生活は、電気、ガス、水道、車、コンピューターといったテクノロジーのおかげでとても便利になりました。でもその一方でいろいろな不安に満ちているのも事実です。いじめ、暴力、殺人といった嫌なニュースが毎日のように報じられています。それに毎日時間に追われ、人間関係などのストレスも多い社会です。

最近、三内丸山などの遺跡の発掘・調査で縄文人の生活がいろいろわかってきましたが、約5千年も前の縄文人と21世紀に生きる私たち、いったいどちらが幸せと言えるんでしょうね。

佐　藤：医師の佐藤です。最近は先端医療がとても進歩して、その気になれば人間の生や死にかかわる部分まで医療技術でコントロールできる可能性が大きくなってきました。体外受精や遺伝子診断、遺伝子治療などといった、人間の誕生や生命そのものにかかわる問題。また、脳死、末期医療、安楽死などといった死をめぐる問題。こうした中で、今までなかった価値観に基づく生命倫理や医療倫理の検討が必要になってきました。「命とは何か」「生きていく幸せとは何か」を一人一人が考えることを迫られている時代ではないかと思います。

会　田：ビジネスの立場から意見を述べさせていただきます、会田です。

いわゆる「IT革命」によって、情報ネットワークは大きな広がりをみせました。今まで専門的と思われていた情報も、そのオープン化・大量化によって多くの人が手に入れ、いろいろな方面で使えるようになってきました。それに伴って、経済活動が今までとはまったく違うレベルで効率化され、産業構造も大きく変わっていくことになるでしょう。

そのような社会の中ですべての人が生きがいのある仕事や生活を手にするためには何が必要かを考えていく必要があると思います。

山　川：環境に関する市民活動に参加している山川です。

人間が作った化学物質は、経済発展というプラスと同時に、地球規模の大きなマイナスももたらしました。人間によってまき散らされた化学物質が環境を破壊し、人間や動物の健康だけでなく生態系にまでも悪影響を与える可能性があるということです。経済や科学技術の発展は本当に私たちを幸せにするのでしょうか。一緒に考えてみましょう。

このテキストのねらい

　このテキストのねらいは、日本での留学生活をおくる上で必要なコミュニケーション能力と日本の大学で学習研究活動を行うための日本語能力を育成することです。

　情報を正しく受信し自分の考えを適切に発信するためには、文法的な能力だけでなく、その言葉が使われる場面における言語以外の要素、つまり社会言語学的な能力や社会文化的な能力も必要です。そこで、このテキストでは、日本で留学生活をおくる際に起こりうるさまざまな場面を提示し、学習者がそれらをどのようにとらえ、どのように対応すればよいか、疑似体験できるように作成しました。日本人学生の多くが同様の状況でどう対応するかを観察したり、多様な学習者による多様な対応を比較するといった異文化学習につなげることもできます。

　言語習得が最も効果的に行われるのは、言語習得そのものを目的とするときではなく、その言語を使って何か別の目的を遂行しようとする過程であると言われています。大学入学を目指している、あるいは実際に大学生活に入ったばかりの学習者にとっての目的はまず、必要な情報を正確に理解し対応することや講義を聞いて理解する、「受信型」のスキルであると考えられます。もう少し進めば、他の学生との交流や、授業における調査・研究・発表や討論など、自らもコミュニケーションに積極的に参加していく「発信型」のスキルも必要になってきます。

　このテキストでは、このような目的を考慮して、課ごとに具体的な場面を設定し、さまざまなタスクを設定しました。可能な限り現実の資料を使用し、CDを使った聴読解というマルチタスク的な形式も多く取り入れています。またテキストで扱った資料は、出典やホームページアドレスを明らかにして、実際の使用場面につなげられるようにしています。

　第14・15課で示した公開討議は、このテキストで取り上げた内容や技能のまとめとしての一つのモデルです。これを参考にして、学習者が日本社会で感じているさまざまな思いや問題点について、実際に調べたり討論したりする活動にまで発展させること、その過程で総合的な日本語能力を育成していくことが、このテキストの最終的な目標であると考えています。

テキストの構成

　このテキストは、日本の大学で起こりうるさまざまな場面を想定して提示したものです。日本の大学で学びたいと考えている学習者や大学に入学したばかりの留学生がそれらの場面を疑似体験する中で、日常生活・留学生活に必要なスキル（生活スキル）と学術研究活動に必要なスキル（学習スキル）が自然に身につくように構成してあります。

　生活スキルや学習スキルには、情報を聞いたり読んだりして理解する"受信型"のものと、話したり書いたりして自らの意思を伝えようとする"発信型"のものがあります。もちろん両者は密接に関連していますが、第1〜6課では受信型を中心に、第7〜15課では受信したものをもとにした発信型を中心に、活動を設定しました。

　また、各課においては「聞く」「読む」「話す」「書く」の4技能それぞれを伸ばすと同時に、それらを複合的に駆使するような「マルチスキル」的なタスクを盛り込んであります。

　テキストの内容別構成は下図の通りです。全体の流れを把握した上で、学習者のニーズに合わせて効果的に使用してください。

留学生活に必要な能力を伸ばす

◆生活スキルを伸ばす（一部学習スキルを含む）

受信型
- 1課　（大学生活の）オリエンテーション
- 4課　（大学掲示板等の）情報の読み取り
- 7課　大学祭とサークル活動
- 10課　トラブルへの対処と生活情報

発信型
- 11課　プライベートなコミュニケーション

◆学習スキルを伸ばす

受信型
- 2課　講義：歴史を読み解く(上)
- 3課　講義：歴史を読み解く(下)
- 5課　講義：遺伝子と生命倫理(上)
- 6課　講義：遺伝子と生命倫理(下)
- 8課　演習(1)：ライフスタイルの経済学
- 9課　演習(2)：戦略経営学演習
- 12課　スピーチ：環境問題

発信型
- 13課　討論

- 14課　公開討議（準備）
- 15課　公開討議（実践）

授業の組み立て方

　このテキストは「オリエンテーション」に始まり「公開討議の実践」に至るまで、学生生活を順を追って疑似体験することを通して、日本語能力が身につくように構成されています。また、生活スキルを伸ばす課と学習スキルを伸ばす課をバランスよく配列してありますから、第1課から順を追って進んでいくのが理想的な進め方です。しかし、各課は一部を除きそれぞれ独立していて、難易度にも差はありませんので、学習者のニーズに応じて必要な課を取り出して使用することも可能です。

　大学や日本語学校の通年コースで使用する場合、日本語学校などの進学直前集中コースで使用する場合、特定のスキルに焦点をあてて学習する場合など、学習環境や学習者のニーズに合わせて柔軟に授業計画を立てることができます。

1．大学や日本語学校で通年使用する場合

　タスクに入る前にまず、各課で扱う内容について「必要な予備知識やキーワードの導入」「ブレインストーミング」などを行って、学習者の持っている知識の活性化を図ります。また、動機づけをするために、その課の流れと到達目標を示すのもよいでしょう。あとは順に進めていけば、バラエティに富んだタスクが行えるように構成されています。

　タスクを行う場合には、実際の活動にできるだけ近づけることを最重視して「内容理解」ということに努め、細部の文法学習にならないように注意してください。4技能を駆使する「マルチスキル」なタスクが盛り込まれていますが、ペアワークやグループワークを多く取り入れることで、よりインターアクティブな活動になり、活気のある授業にすることができます。時間の制約がある場合には、宿題にすることが可能なタスクもありますので、次項の「各課の説明」それぞれを参照してください。

2．日本語学校の進学直前集中コースで使用する場合

　大学の入学試験終了後、入学までの間にメインテキストとして使用すれば、大学生活に必要な学習スキルと生活スキルを短期間で身につけることができます。基本的な授業の進め方は通年使用する場合と同じですが、授業時間数や学習者のニーズに合わせて工夫をするとよいでしょう。各課のテーマに関連したビデオを見る、フィールドワークを取り入れる、スピーチコンテストをする、テキスト中に引用されている文献を1冊読んでレポートを書くなどが考えられます。また、この時期に大学生活に関する予備知識を得ておくことも重要ですから、大学訪問、あるいは大学生を招いてのビジターセッションを組み入れるなども有効でしょう。

3．特定のスキルに焦点を当てて学習する場合

　上述のテキストの構成を参考にして、学習する課を選びます。例えば大学の講義に参加するための学習スキルの習得が目標であれば、第2課、第3課、第5課、第6課を学習すればよいわけです。発信型のスキルの向上を目指すのであれば、第7課からスタートするとよいでしょう。4技能は密接に関連して各課で扱われていますが、特に「話す」技能を強化したい場合などには、「書く」タスクを意見発表や討論にする等も可能です。ニーズに合わせて必要な部分を取り出し、有効に利用してください。

各課の説明

第1課　オリエンテーション

【この課の目的】
　留学生が入学後まず直面する大きな問題である「履修申請」や「奨学金の申請」を授業に取り込むことで、書類に特有の表現等を学び、実際の手続きを助けることを目的としている。また、その方法を誰にどうやって聞くかという日本語運用能力も、併せて習得させる。

【この課の構成とタスク】
Ⅰ．履修申請：学部の新入生がチューターに相談しながら履修科目を決めるという設定で、時間割を立てるタスク。アドバイスをもとに必要な情報を正しく把握する力を養う。実際に大変な作業である履修科目選択の一助とすべく課題が作成してある。実際の『履修案内』で応用練習もするとよい。

Ⅱ．奨学金の申請：留学生が奨学金の申請について学生課の人に聞くという設定で、Ⅰと同様、資料を見ながら疑問となる点を聞いたり、指摘してもらったりする、通常の運用能力に近いタスク。時間に余裕があれば、理由書の書き方等について指導してもよい。

【留意点】
　細かい語彙や文法にとらわれすぎないように、会話の中で必要事項を正確に把握する能力を養うことに主眼を置く。また、質問の方略についても留意し、より効率的に情報を与えてもらえるような会話の組み立てを目指す。この教材の導入の課であるため、ボリュームは若干押さえ気味だが、その分を、実際の書類作成に当てたり、学習者が実際の場面に応用できたかどうかを評価できればさらによい。

第2課　講義──歴史を読み解く（上）

【この課の目的】
　一般教養科目の人文科学系の講義例として、縄文時代・三内丸山遺跡について取り上げる。キーワードを聞き取って講義の内容を正しく理解する力、関連文献を読んでその内容を理解する力、文中のキーワードを見つけて内容をまとめる力をつける。

【この課の構成とタスク】
Ⅰ．講義内容の理解：Aは講義を正しく聞き取るための準備タスク。説明文を読んで写真と結びつけることでキーワードをイメージとしてとらえ、ひらがな・カタカナで書き写すことで音声的に確認する。Bでは講義中のキーワードや数字を正確に聞き取ってメモを取る練習をする。Cは板書やノートテイキングによく用いられる箇条書きを文に書き直すタスク。文末に自動詞を使うか他動詞を使うかによって対応する助詞が異なることに注意する。

Ⅱ．講義内容の確認：Aはハンドアウトをもとに自分の言葉で説明するタスク。内容の理解と表現力が求められる。Bではわかったことや感想を短くまとめて書く。

Ⅲ．関連資料を読む：Aでは関連資料を読んで内容の理解度をチェックする。Bでは内容をまとめるために記事の中からキーワードを探す。速読の練習にもなる。

【留意点】
　講義の内容（三内丸山遺跡）は留学生にはなじみの薄い話題であると思われるので、導入が重要になる。Ⅰ-Aのタスクなどにより学習者の想像力を刺激してこの課への興味・関心を高めたい。教師が説明しすぎてタスクへの集中をそがないように注意する。Ⅱ-Bは書く前に「キーワードを使うとまとめやすい」など、助言を与えるとよい。また、時間が取れない場合には宿題にしてもよい。

第3課　講義──歴史を読み解く（下）

【この課の目的】
　第2課に引き続き、縄文時代に関する講義という設定である。資料を見ながら講義を聞き、その内容を表などにまとめる力をつける。また、講義に関するレポートの準備として資料収集の手段を知り、必要な資料が選択できるようにする。

【この課の構成とタスク】
Ⅰ．講義内容の理解：Aは資料（ダイアグラム）を見ながら講義を聞き、その内容を表にまとめるタスク。1では講義で資料のどの部分をどのように説明しているかを正確に聞き取る練習をし、2

ではそれを応用する。Bでは文字化された講義の内容を読んで表にまとめる。

Ⅱ．レポート作成の準備：Aはレポートに関する友達同士のカジュアルな会話を聞き取るタスク。Bでは同じ内容を先生に相談するときの表現を考える。友達の場合とは違い、待遇表現に注意する。Cではレポートの資料収集の手段として図書館でのキーワード検索を示し、得られたリストを分類して必要な資料を絞り込む。Dでは資料を読んで内容をまとめ、それをもとにEでレポートの構成を考える。

【留意点】
　Ⅰ-Aのダイアグラムには講義で話されていない部分も多い。タスクを通して、複雑な資料の中のどの部分から何を読み取るかを発見する過程を学習者に実感させたい。Ⅱでは実際にレポートを作成するときに必要な準備の手順や方法を意識させる。

第4課　情報の読み取り

【この課の目的】
　掲示板の情報を、効果的に読みとったり伝えたりすることを目的としている。日常的な行為を場面として設定することで、より実際的な運用能力の習得を目指す。

【この課の構成とタスク】
Ⅰ．掲示板の情報：友達と携帯電話で掲示内容全体について話す場面の会話内容を聞き取るタスク。実際の場面への応用を考えると、スクリプトを用いてロールプレイを行うのも有効である。

Ⅱ．教務からの連絡：事務連絡の掲示のポイントを読み取り、それをさらに確認するタスク。これもスクリプトを用いたロールプレイが可能。

Ⅲ．授業に関する連絡：授業についての掲示内容を踏まえて先生に受講許可のお願いをする場面で、どのようにお願いするのが妥当かを学ぶタスク。上下関係が入るため、正しい敬語の使い方、お願いの方略等に留意が必要。教師とのロールプレイが効果的である。

Ⅳ．ファックスの情報：掲示にあった情報をファックスで送ってもらったものの、読みづらかったために電話で確認をして、要点をまとめるタスク。情報内容をいかに正確に伝えるかがポイントとなる。電話での会話表現も同時に学ぶ。

【留意点】
　日常的な行為であるが、意外に運用能力がついていないことが多い機能である。時間に余裕があれば、実際に学内の掲示板にある学習者を行かせ、携帯電話等で教室内の学生に内容を伝えるなどの応用練習をするとよい。

第5課　講義──遺伝子と生命倫理（上）

【この課の目的】

　一般教養科目の自然科学系の講義例として、遺伝子と生命倫理をテーマに取り上げる。大学生活で大きな部分を占める、講義を聞いてノートを取るスキルを習得する。また、レポート作成のために必須の資料を探すタスクを行い、実際の資料探しに役立てる。さらに探した資料を読んで内容をまとめる力をつける。

【この課の構成とタスク】

Ⅰ．講義内容の理解：Aは会話文を読んで、関連のあるキーワードを結びつけるタスク。メディアで取り上げられることも多く、学習者の興味を引く話題なので、学習者からの積極的な発言を促したい。Bは、講義を聞いて重要な数字や語句を書き取り、年表を完成するタスク。Cでは、そのノートを文に直す。Dは図を見ながら講義を聞いて理解し図を完成するタスク。

Ⅱ．関連資料を読む：Aは研究テーマに関連した記事を選んで見出しから内容を推測するタスク。教室内でのタスク終了後、実際に図書館で新聞の検索をしてほしい。Bは新聞を読んでまとめるタスクだが、内容理解を重視するとともに、スピードアップも目指して母語での読みに近づける。

Ⅲ．自分の考えをまとめる：遺伝子研究で行われていることのよい点と問題点を考えるタスクで、グループワークやペアワークで行うとよい。時間が許せば討論に発展させてもいい。

【留意点】

　授業実施時にテーマに関連したニュースなどあれば持参すると、テーマがより身近なものになる。

　また各タスクは、実際に講義を聞いてノートを取ったり、課題の作成のために資料を読むつもりで行い、細かい語彙や文法などにとらわれすぎないようにする。資料を読むタスクでは、精読に陥らないように時間を区切るのもよい。最後のタスクは学習者が自由に考えるもので、正解があるわけではないので、意見交換の時間を必ず設けたい。

第6課　講義──遺伝子と生命倫理（下）

【この課の目的】

　第5課に引き続き、遺伝子と生命倫理に関する講義という設定である。講義から必要な情報を聞き取ったり、グラフの読み方を理解するなど、第5課とは違った聞き方を学ぶ。さらに必要な資料を選んだり、資料を読んで筆者の主張をつかむこと、最終的に第5課と第6課で学習したことをもとに自分の考えをまとめることなど、講義から派生するさまざまな作業に必要なスキルを習得する

ことを目指す。

【この課の構成とタスク】

Ⅰ．講義内容の理解：Aは講義を聞いてグラフの読み方を理解した上で、設問に答えるタスク。単に言葉を書き取ればよいのではなく、理解したことを応用する能力を養う。Bは必要な情報を聞き取るタスクだが、このタスクは必ず前もって質問を読んで、何を聞き取ればよいかを知ってから行うようにする。

Ⅱ．関連資料を読む：Aは抽象的なキーワードを具体的な事実と結びつけるタスク。Bでは、レポートのテーマや必要な文献を聞き取った後、本のタイトルから内容を推測して選ぶタスク。Cでは文献を読んで段落ごとに要約し、筆者の主張をつかむ。

Ⅲ．自分の意見をまとめる：Ⅲは第5課と第6課の総まとめともいうべきタスクで、最終的に自分の考えをまとめる。学習したキーワードを使うこと、主張をサポートする理由を明確にすることなどに注意する。学習者の構成によって、話し合ってから自分の考えを書く、逆に自分の意見を書いてから討論するなど、進め方に配慮するとよい。

【留意点】

　「内容を理解する」「必要な情報を聞き取る」など、タスクによって聞き方が違うことに注意し、必ず目的をもって聞くということを意識させる。そのためにはCDを聞く前に、どういうタスクをあとで行うのか、学習者自身が知っていることが重要である。

第7課　大学祭とサークル活動

【この課の目的】

　大学祭で興味のあるところを効率よく見学するために情報を整理したり、サークルとして参加するのに必要な手続きや準備などを円滑に行ったりできるようにする。仲間との話し合い、対外的な交渉、パンフレットやアンケートの作成、コンパでのあいさつなど、さまざまな活動を通して日本語能力と同時に社会文化的な能力を身につける。

【この課の構成とタスク】

Ⅰ．大学祭の見学：プログラムと会場図、CDの会話から情報を読み取る聴読解タスク。

Ⅱ．サークルでの大学祭参加：Aでは説明を聞いて大学祭の参加に必要な手続きを理解する。B～Hでは映画研究会というサークルで大学祭に参加するという設定で、事前の準備から打ち上げコンパまでをタスクに従って疑似体験する。

【留意点】

　学生主体の大きなイベントに積極的に関わることで、普段の生活では経験できないさまざまな

人々との接触や日本語使用の機会が得られること
を実感させ、現実感を持ってタスクに取り組ませ
たい。パンフレットやアンケートの作成は時間が
ない場合は省略してもよいが、学習者のアイディ
アやイラストなどから教室内での会話が広がる可
能性もある。

第8課　演習（1）〜ライフサイクルの経済学〜

【この課の目的】
　実際のゼミ演習を想定し、課題図書の内容をま
とめてインタビュー結果と共に発表するという、
まとめと発表の準備をする力を養う。相当の読解
力を習得する。

【この課の構成とタスク】
Ⅰ．課題図書を読む：与えられた条件に従って課
題図書の担当部分を実際に読み、本文の内容をま
とめるタスク。まとめ方は、1では要約調、2で
はビジュアル化したもの、の2パターンになって
おり、後の発表へ発展させる準備のタスクとなっ
ている。
Ⅱ．インタビュー調査：インタビューした内容を
まとめるタスク。音声にはいろいろなパターンの
話し方が入っているので、その中から必要情報を
正確にピックアップできるかどうかがポイントと
なる。
Ⅲ．発表の準備：次の第9課に発展する重要なタ
スク。実際に発表することを想定しながら、簡潔
なレジュメの作成が要求される。このためには、
タスクⅠの読み取りの力とまとめる力、Ⅱのまと
める力が十分であることが肝要である。

【留意点】
　書く作業が多くなるが、時間配分を明示して、
決して書くだけの授業にならぬよう配慮が必要で
ある。一人一人に課題をさせることももちろん可
能だが、ペアまたはグループで互いに日本語で話
しながらタスクをこなす方がより効果的であると
思われる。身近で、留学生の母国の状況とも対比
がしやすいトピックであるため、実際に発表まで
できればさらによいだろう。

第9課　演習（2）〜戦略経営学演習〜

【この課の目的】
　課題図書を読み、それを工夫して発表するまで
の準備の仕方や、そのために必要な日本語の運用
能力の養成を目指す。

【この課の構成とタスク】
Ⅰ．テキストを読む：長めの本文は説明文である
ため、その中から必要な情報だけを効率よくピッ
クアップさせる。すべてを読みこなすというより

も、時間を区切った速読の方が有効。ここでまと
めた内容をもとに、次のタスクを行う。
Ⅱ．発表の準備：発表用のシートをまとめるタス
クを通じて、ポイントの絞り込みを行う。第8課
に比べて、シートはよりビジュアルに、また簡潔
にならなければならない。また、ペアワークを基
本としており、Bの聴読解もそれを踏まえている。
このタスクは、AはタスクⅠを基本としたまとめ、
Bは聴読解、そして残りのシート4と5はCの発
表原稿の作成につながるようになっている。発表
用のシートと、発表原稿の両方を準備することで、
即シミュレーションが可能であり、また実際の発
表に役立つ。

【留意点】
　全体を通して、ペアまたはグループの共同作業
が望ましい。相談する場面が多くなるため、でき
るだけ違う母語の学生を組み合わせることが肝
要。作業も多いため、実施時間に留意する必要が
ある。また、できるだけ発表まで持っていきたい。
この課のタスクは、第12課のスピーチや第13課以
降の討論につながるものである。

第10課　トラブルへの対処と生活情報

【この課の目的】
　留学生が学校や日常生活で遭遇しうるさまざま
なトラブルにどう対処するか、またそのときに日
本語でどのように言えばよいかを考えることによ
り、コミュニケーション能力と社会文化能力を高
める。また、より充実した留学生活のために、学
生同士の情報交換や情報サイトの検索ができるよ
うにする。

【この課の構成とタスク】
Ⅰ．学校でのトラブル：学校でのトラブルに対処
するための表現を考える。目上の人にお願いする
場面が多いので、待遇表現に注意する。
Ⅱ．日常生活のトラブル：Aでは病気、けが、事
故などへの対処の方法を考える。Bでは地域の生
活情報を得る方法を知り、ロールプレイを通して
近所の人との接し方を考える。
Ⅲ．いろいろな施設の利用：Aは説明を聞きなが
ら大学の図書館と市立の図書館の利用法を理解す
るタスク。Bで両者を比較することによって、そ
れぞれの長所を生かして利用できるようにする。
Cでは学習者同士が実際の生活に役立つ生情報を
交換しあう。
Ⅳ．インターネットによる情報検索：留学生の多
くが抱える可能性のあるトラブルを、電話で相談
するときどう表現するかを考えるタスク。

【留意点】
　この課のタスクはできるだけ実際の生活に役立

つように行わせたい。トラブルへの対処だけでなく、予防について話し合わせてもよい。生情報の提供や交換を行うことによって、学生間の会話が現実味のあるものになるように工夫する。

第11課　プライベートなコミュニケーション

【この課の目的】

大学生活で想定されるさまざまなコミュニケーション場面に対処できるようにする。手段としては、電話、メモ、Eメールなどを、コミュニケーションの相手としては友達、先輩、先生など、多くの場面を取り上げている。

【この課の構成とタスク】

Ⅰ．留守番電話：留守番電話を利用するタスクで、Aはメッセージを聞いてメモを取るタスク。Bは留守電にメッセージを残すタスクだが、ペアワークなどで必ず口頭で練習する。メッセージが簡潔でわかりやすいか、必要な情報を全部言っているか、スピードは適切かなどに注意する。③では待遇表現に注意する。

Ⅱ．メモによるコミュニケーション：Aは手書きのメモを読み取って文に直すタスク。Bは、先生に対するメモを書くタスクだが、待遇表現に注意するとともに、依頼する、詫びるなどの目的にあった表現を使うようにする。

Ⅲ．Eメールによるコミュニケーション：さまざまな状況でEメールの文面を作るタスク。メールの作成方法の知識があまりない学生がいる場合は、メール作成の注意やエチケットなど確認してから進める。コンピューター室などが使えれば理想的である。Cのタスクでは、文面を作った後、必ず実際にメールを送るようにしたい。

Ⅳ．口頭でのコミュニケーション：Aは先生に依頼をする状況で、適切な言い方を学習者に考えさせる。相手が先生であること、用件が依頼であることに注意する。スクリプトが完成したら、ペアになって練習するとよい。Bは先輩との会話を聞き取ってスクリプトを埋める問題。Cは友人同士のコミュニケーションのロールプレイだが、時間をとってペアで練習した後、発表するとよい。

【留意点】

特に難しいタスクはないが、生活に密着した必須のタスクばかりなので、丁寧に取り組んでほしい。必要な情報をもれなくカバーしているかに注意するだけでなく、用件の切り出し方、進め方、終わり方が適切がどうかに留意する。口頭のコミュニケーションでは、スピード、声の大きさ、間などにも注意する。また、大学生活においては待遇表現が非常に重要なので、ここでしっかり習得する。

第12課　スピーチ

【この課の目的】

この課ではスピーチの聞き手として、またスピーカーとして必要なスキルを習得する。具体的には、スピーチを聞いて疑問点を整理し質問を考えること、質疑応答ができるようになること、スピーチが書けるようになることである。

【この課の構成とタスク】

Ⅰ．スピーチを聞く：Aは関連したキーワードを結びつけるタスクで、新聞やテレビでもよく目にする代表的な言葉を取り上げている。ブレーンストーミングをして、ここであげた言葉以外の環境に関するキーワードを学習者にたくさんあげさせるのもよい。環境問題を扱っている写真や本などを用意しておくと、学習者の動機づけになる。Bはメモを取りながら実際のスピーチを聞いて、アウトラインを完成するタスク。このアウトラインは、Ⅲのタスクでスピーチを書くときに参考にする。Cはメモをもとにスピーカーへの質問を考えるタスク。Ⅱ-Bでは、ここで作った質問をもとにペアワークを行う。スピーチは質問が出やすいような形にしてあるが、困っている学習者にはヒントを与える。

Ⅱ．質疑応答：AはⅠで聞いたスピーチへの質問に対する答えを考える練習。質問1ではグラフを読んで具体的な数字をあげ、質問2ではグラフを参考に自分の考えを述べる。質問3は答えられない質問に対処するタスク。Bはペアになって、Ⅰ-Cで作った質問を使って質疑応答の練習をするタスク。

Ⅲ．スピーチを書く：Aは資料を参考にしてスピーチのアウトラインを作成する。このアウトラインを必ずチェックして、必要なところは修正してからBのタスクに進む。Bはアウトラインをもとにスピーチを作成する。

【留意点】

時間の制約がある場合には、Ⅲ-Bのスピーチの作成は宿題にしてもよい。スピーチを発表する機会をぜひ設けたい。

第13課　討論

【この課の目的】

討論の注意事項や討論に必要な表現を学び、それらを利用して討論を行う。さらに評価して今後の改善へとつなげる。

【この課の構成とタスク】

Ⅰ．討論への準備：CDを聞いて、討論を行う際の注意事項を聞き取るタスク。空欄以外も重要なので注意事項をすべて確認する。

Ⅱ．討論を聞く：Aは討論を聞いて発言を聞き取るタスク。空欄になっている個所には、次のタスクの討論に必要な表現が入る。Bは、討論に必要な表現をスクリプトから選ぶタスクで、表を完成する。この表現は討論に必須であるから、練習して後の討論で使えるようにしておく。

Ⅲ．討論をする：Aは資料やグラフを読み取って質問に答えるタスク。Bの討論の材料になるような資料を用意してある。Bでは、Aの資料などを参考にしながら、グループに分かれて実際に討論を行う。

Ⅳ．討論の評価をする：討論の評価をして、討論の今後の改善へと結びつける。評価は、書いたあとで発表するとよい。

【留意点】

　討論の際は、Ⅰの注意事項とⅡ-Aの討論に必要な表現は、大きく書いたものを用意しておいて黒板に貼っておくとよい。実際の討論に時間を割きたいので、Ⅲ-Aに時間を使いすぎないようにする。

　討論の際には、教師は各グループをまわって様子を見て、必要であれば手助けを行う。各グループにテープレコーダーを用意し録音しておくと、フィードバックに役立つ。自分の討論の仕方を意識化するためにも、今後の評価のためにも、評価は必ず実施する。討論前に、評価表を見ておくとよい。

第14課　公開討議（1）準備

【この課の目的】

　公開討議の形式を知り、ロールプレイによる公開討議をするための準備をする。これまでに学習した講義や演習の内容に関する追加資料を読み、テーマにそって発表の内容を考える。

【この課の構成とタスク】

Ⅰ．公開討議の形式：CDを聞いて公開討議の形式を理解し、そのタイプと特徴をまとめる。

Ⅱ．パネリストとしての準備（1）：第2・3課関連の追加資料を読んで内容を表にまとめる。それをもとにテーマにそって発表の内容を考える。

Ⅲ．パネリストとしての準備（2）：第5・6課関連の追加資料を読んで内容をまとめる。それをもとにテーマにそって発表の内容を考える。

Ⅳ．パネリストとしての準備（3）：第9課関連の追加資料を読んで内容をまとめる。それをもとにテーマにそって発表の内容を考える。

Ⅴ．パネリストとしての準備（4）：第12課関連の追加資料を読んで内容をまとめる。それをもとにテーマにそって発表の内容を考える。

【留意点】

　すべてのタスクを全員で行うのは時間的に無理があるので、グループごとに担当を決めて行い、次の第15課で各グループの代表者がパネリストとして発表する形をとるとよい。各グループの発表内容を総合することによって全体を把握させるのは、一つの効果的な学習法である。

第15課　公開討議（2）実践

【この課の目的】

　第13課で学んだ討論の技術と第14課で準備したことを使って、公開討議の流れを体験的に理解する。さらに、興味のある話題について公開討議のロールプレイを行う。その中で、テキストで学んだ知識やスキルを総合的に活用する。

【この課の構成とタスク】

Ⅰ．パネリストの発表：AはCDを聞いてパネリストの発言の要旨をまとめるタスク。キーワードを聞き取ることが重要である。B〜Eではパネリストとして意見を述べ、質問に答える練習をする。意見を述べるためには、既習資料の内容を理解した上で、自分なりにまとめて話すことが必要である。また、質問には資料の内容だけでは答えられないものも含まれているので、学習者自身の知識や考え方が問われる場合もある。

Ⅱ．討議のまとめ：Aでこれまでの資料や意見を文章でまとめ、それをもとにBで司会者として話し言葉でまとめる。

Ⅲ．公開討議の実践：テキストで疑似体験した公開討議を参考に、学習者自身がテーマを選んで公開討議のロールプレイ、または実際の公開討議をする。時間的に可能であれば、資料探しなどの準備から行えるとよい。

【留意点】

　Ⅱまで終了したら「科学技術の進歩は人類を幸福にするか」という第14・15課の統一テーマで、まとめのロールプレイを行うとよい。司会者を決め、司会者の進行により各グループの代表者がパネリストとして第14課で準備したことを発表する。他の学習者は聴衆として質問をするなど、全員が主体的に参加できるように工夫する。Ⅲでは、他の留学生や日本人学生に公開する機会が設けられれば、双方にとって得られるものは大きい。